西藏自治区神山圣湖之美

CHINA'S FOREIGN TRADE CERAMICS
中国对外贸易陶瓷

矫克华 李梅 著

西南交通大学出版社

图书在版编目（CIP）数据

中国对外贸易陶瓷 / 矫克华，李梅著. —成都：
西南交通大学出版社，2022.11
ISBN 978-7-5643-9037-2

Ⅰ. ①中… Ⅱ. ①矫… ②李… Ⅲ. ①陶瓷工业 – 对外贸易 – 经济发展战略 – 研究 – 中国 Ⅳ. ①F752.658.7

中国版本图书馆 CIP 数据核字（2022）第 224858 号

Zhongguo Duiwai Maoyi Taoci
中国对外贸易陶瓷
矫克华　李梅　著

责任编辑	吴　迪
特邀编辑	罗业恺
文化创意	张　于　梁　龙　刘风林　袁辉国　刘　浩　王帅超
封面设计	青岛未央国际环境艺术设计有限公司
出版发行	西南交通大学出版社 （四川省成都市金牛区二环路北一段 111 号 西南交通大学创新大厦 21 楼）
发行部电话	028-87600564　028-87600533
邮政编码	610031
网　　址	http://www.xnjdcbs.com
印　　刷	四川玖艺呈现印刷有限公司
成品尺寸	210 mm × 270 mm
印　　张	25
字　　数	294 千
版　　次	2022 年 11 月第 1 版
印　　次	2022 年 11 月第 1 次
书　　号	ISBN 978-7-5643-9037-2
定　　价	420.00 元

序言
INTRODUCTION

中国陶瓷艺术根植于中国传统文化，在中国传统文化的滋养下逐渐成长起来，具有鲜明的民族艺术特色。从丰富深邃的内涵，到多姿多彩的形式，再到那浑厚质朴的艺术魅力，中国对外贸易陶瓷艺术有着明显与众不同的光辉，它既体现了中国陶瓷艺术的独特追求，也反映了中国陶瓷卓越的艺术造诣，作为贸易商品输往海外的中国瓷器更是在很长一段时间内在中外经贸及外交史上扮演着重要角色。

因"瓷缘"结识矫克华教授，是恰逢对外经济贸易大学在筹办中国对外经贸博物馆之际。当时听闻本校教师矫克华、李梅夫妇向学校无偿捐赠陶瓷器八百余件，所捐赠的陶瓷器时代从春秋战国到元明清时期，再到新中国创汇时期，不仅时间跨度之大，而且数量较多，其中以明清景德镇外销瓷为主，填补了博物馆馆藏陶瓷器的空白时，我被他们这种捐赠"义举"深深感动，敬佩之情油然而生。这些捐赠的器物均为二十余年间他们凭借一己之力从海外购买回流归国，对于这些器物，他们如数家珍；对于陶瓷所承载的文化内涵，他们也有独到的见解。矫克华、李梅伉俪即将出版的《中国对外贸易陶瓷》一书，是他们对景德镇明清外销瓷深入研究的认知与升华。在书中，他们对收藏的中国外销瓷进行精心拍摄和版式设计，图文并茂地展示了很长一段时间作为中国对外贸易主要商品的中国瓷器的风貌。

中国陶瓷享誉世界，独领风骚数千年而不衰，背后是文化的承载力，更是文明延续的深远魅力。在近两千年的对外交流中，陶瓷文化发挥着特殊作用，中国对外贸易陶瓷史就是一部中外文化的交流史，中国对外贸易陶瓷是世界了解中国、感知中国、感悟中国传统文化的重要载体。中国陶瓷对外贸易时间跨度上自唐代陆上丝绸之路至明代地理大发现时。地理跨度上，近到东亚、东南亚至中亚、西亚，远至东非地区，均有外销的中国瓷器出土或传世。明后期至清中期，销往海外的贸易瓷均受到世界各国尤其是欧洲皇室贵族的争相追捧，现藏于世界各大博物馆中的油画作品精彩展示了中国外销瓷远销海外后在人们生活中的使用场景及使用方式。

明清时期，景德镇制瓷技术传入朝鲜形成李朝青花，传入日本于有田设窑，后传入东南亚各国，又经西亚、东非传入欧洲。17世纪，荷兰代尔夫特模仿克拉克青花瓷。法国传教士殷弘绪1712年到景德镇传教时将烧制瓷器具有决定性作用的"高岭土"带回西方，直至18世纪中期，法国人才烧制出真正意义上的瓷器。同时，中国外销瓷纹饰亦受到外来文化因素影响，如波斯钴料传入之后，对元代青花瓷纹饰及釉料产生深远影响。再如自16世纪起景德镇烧制的专为欧洲地区定制的纹章瓷，纹饰和器型均按国外订单的要求生产，体现了文化交流互鉴。

《中国对外贸易陶瓷》一书以东西方贸易陶瓷历史为基础，以陶瓷文化为主线，对众多的对外贸易陶瓷进行分类分析。本书论述了中国陶瓷文化伴随对外贸易陶瓷走向世界并对世界文明做出重要历史贡献，对以贸易陶瓷为代表的中国陶瓷的丰富内涵及其影响的久远性、持续性、广泛性与深刻性进行了系统研究，进一步阐明了中国外销瓷对世界制瓷业发展所带来的革命性变化和对东西方各国生活方式、审美观念、社会风尚所产生的持续和广泛的影响。

《中国对外贸易陶瓷》一书兼具鉴赏性与学术性，作为研究和鉴赏中国贸易陶瓷是颇有价值的参考书。通过本书，可以了解中国对外贸易陶瓷，了解中国对外贸易陶瓷历史，更好地理解中国贸易陶瓷背后的中西交融、文明互鉴。

耿东升
2022年9月于北京

前言
PREFACE

陶瓷作为中国古代的伟大发明，是中华文明的重要组成部分。中国陶瓷是集实用价值、文化价值、艺术价值于一身的产物，是社会发展与物质文明的重要载体，在东西方文化交流中充当着传播媒介的重要角色，对世界经济与文化艺术产生了深远的影响。海上陶瓷之路的开辟，与当时科学技术的进步密不可分，可以说没有发达的科学技术就没有中国陶瓷的全球贸易，就没有中国陶瓷和世界文化的融合。中国瓷器的大量外销，不仅对亚洲陶瓷文化艺术起到促进作用，还促进了欧洲各国陶瓷生产技术的快速发展。中国瓷器给世界各地人们的日常生活带来了很大的改变，在提高和丰富了人们生活水平和物质文明的同时，中国瓷器所蕴涵的深厚的中华文化意蕴，逐渐融入世界各地的文化之中，对加强世界各国人民之间的文化交流和文明互鉴有着重要的现实意义。中国陶瓷的外销及陶瓷文化的传播将世界瓷业推向了高峰，为中国陶瓷史写下了浓墨重彩的一笔。

中国对外贸易陶瓷的历史悠久，早在汉代，中国陶瓷就已经流传到了亚非地区。唐代，随着海外贸易的发展和繁荣，中国陶瓷除销售到周边国家，如日本、朝鲜、菲律宾、泰国、印度等地外，还远销到中东的伊拉克和伊朗，甚至非洲的埃及。宋代，对外贸易陶瓷的数量增加，在东南沿海地区还出现了专门烧造外销瓷的瓷窑。元代疆域辽阔，对外交通发达，更加促进了中国陶瓷的外销。明代，随着西方殖民地的拓展，中国瓷器通过葡萄牙、西班牙和荷兰等国家开始大规模流入欧洲，其中"克拉克瓷"更是直接影响了欧洲巴洛克和洛可可艺术审美。明代，除少量销往中东、西亚的瓷器带有一些伊斯兰艺术风格以及克拉克瓷的风格外，大部分外销瓷的器物造型、装饰技法和纹饰艺术风格，都与中国本土的内销瓷器没有太大的差异。清代，随着制瓷技术的发展，以及中西方文化交流和贸易的日益频繁，外销瓷器的数量急剧增加。这一时期外销瓷的种类、装饰图案、技法等也日益丰富，种类繁多。除传统的青花瓷之外，在清代后期还出现了大量的彩瓷，如受到西方影响产生的珐琅彩瓷、粉彩瓷，在广州还产生了专门迎合西方需求的广彩瓷；就用途而言，除之前的实用器具之外，还产生了纯粹的装饰陈列艺术瓷器；在瓷器形态上，胎体较薄的板沿盘、长方盘显然是受到西方器皿的影响；就瓷器的装饰纹样而言，除传统中国装饰性纹样之外，西方人物故事、西洋风景等也成为绘画的题材，还有西方来样定制的徽章瓷器。

清代是我国对外贸易瓷器发展的鼎盛时期，陶瓷贸易对东西方文化交流起到了巨大的推动作用。如这一时期的装饰纹样很多是按照西方版画设计绘制的，逐渐吸收了西方绘画的构图和透视技法，以及人物的比例结构，从而使西方的绘画技法更快地传入中国。对西方而言，中国瓷器的传入，也使中国绘画技法逐渐影响欧洲绘画艺术。中国瓷器受到欧洲贵族的追捧，成为他们炫耀财富的资本。在17、18世纪欧洲大量的油画静物画上，经常可以看到中国瓷器，这足见外销瓷在欧洲生活中的重要性。

中国陶瓷是中华文明几千年不断沉淀凝练的一种具化形态，是中国哲学与中国人文情怀的历史留痕。中国先哲们总是意在笔先却又意在画外。他们画山水是为了追慕自然，画婴戏是为了祈求多子多福，画蝴蝶是为了恭祝福寿绵延，画龙凤、螃蟹、花鸟、博古……画他们看到的一切美好事物，画他们息息相关的生活，他们寄情寓意、托物言志，将所有美好的期盼与祝愿都融入这些陶瓷器物之中。而这些陶瓷漂洋过海，抵达东北亚、东南亚、非洲、中亚、西亚、美洲和欧洲，将中国文明深远的魅力持续传播。

中国陶瓷的对外传播与外销贸易，是中国人民同世界各国人民之间联系的纽带和增进友谊的桥梁，对加强世界各国人民之间的文化交流和文明互鉴有着重要的现实意义。中国陶瓷作为艺术品，造型丰富，釉色绚丽，具有很高的审美价值；为不同民族、不同习俗、不同宗教而设计制造，具有很鲜明的文化特征。《中国对外贸易陶瓷》一书还原了一个东方盛世时期的中国陶瓷艺术，展现了一个海纳百川的大国气象，体现了一个中国人的文化艺术情怀。本人在国外二十余年来收藏了大量对外贸易陶瓷实物，在本书中以图文并茂的形式，梳理了我国明清时期对外贸易陶瓷的产生、发展、传播和互鉴。全书共分三篇，上篇是贸易陶瓷历史；中篇是陶瓷艺术文化；下篇是陶瓷艺术鉴赏，对各种纹饰题材展开详细介绍，内容包括器物的专业性描述、特定时期的历史文化背景、固定纹饰组合的传统寓意，以及对传统文化的高度概括。本书从中国陶瓷文化研究的视点，为广大陶瓷爱好者研究、鉴赏对外贸易陶瓷器物提供参考。本书图片大部分为本人收藏实物整理拍摄，极少部分为引用和参考相关著作、网络图片，在此表示衷心感谢。

矫克华

对外经济贸易大学

2022年10月于北京

吉祥庆贺——花篮纹饰	209
追慕自然——山水纹饰	217
寄情寓意——花鸟纹饰	233
福寿绵延——蝴蝶纹饰	259
科甲及第——螃蟹纹饰	263
太平祥瑞——瑞兽纹饰	267
清雅高洁——博古纹饰	277
圆满吉祥——八宝纹饰	289
龙凤呈祥——龙凤纹饰	293
东风西渐——克拉克瓷器	305
清雅热烈——伊万里瓷器	313
欧洲风尚——纹章瓷	321
洋洋大观——欧式花卉纹饰	331
引人入胜——西方人物故事	335
精美绝伦——潘趣碗	341
美轮美奂——马克杯	347
文而化之——西式餐具	351
革风易俗——茶具	359
内有乾坤——鼻烟壶	365
惟妙惟肖——瓷塑	371
中西合璧——金属镶嵌	379
参考文献	388

目录 | CONTENTS

上篇——贸易陶瓷历史

中国陶瓷对世界文明的贡献 ……… 2

中国对外贸易陶瓷历史行纪 ……… 14

中国对外贸易陶瓷亚非行纪 ……… 24

中国对外贸易陶瓷欧洲行纪 ……… 44

广州十三行对外贸易陶瓷历史 ……… 56

中篇——陶瓷艺术文化

中国陶瓷艺术与民族文化精神 ……… 74

中国对外贸易陶瓷与世界宗教文化 ……… 88

中国对外贸易陶瓷与巴洛克、洛可可艺术相遇 ……… 96

下篇——陶瓷艺术鉴赏

托物言志——人物故事纹饰 ……… 121

其乐融融——满大人纹饰 ……… 159

端庄娴雅——仕女纹饰 ……… 165

多子多福——婴戏纹饰 ……… 171

金戈铁马——刀马人物纹饰 ……… 177

慈母严师——课子纹饰 ……… 183

百花献瑞——传统花卉纹饰 ……… 191

上篇

贸易陶瓷历史

HISTORY OF TRADE CERAMICS

中国陶瓷对世界文明的贡献

THE CONTRIBUTION OF CHINA'S CERAMICS TO WORLD CIVILIZATION

陶瓷作为古代中国的伟大发明，是中华文明的重要组成部分，勤劳的先民在漫长的历史进程中，将泥土与火焰融合在一起的艺术发挥到最高境界，谱写出辉煌绚烂的陶瓷艺术篇章，对人类文明的发展与进步做出了不可磨灭的贡献。陶瓷作为集实用价值、文化价值、艺术价值于一身的产物，成为社会发展与物质文明的重要载体，在东西方文化交流活动中充当并发挥着传播媒介的重要角色与纽带作用，对世界上其他国家的政治经济与文化艺术产生了深远的影响。

一、中国古代的贸易陶瓷及其外销

中国的陶瓷产品在唐代已经开始作为主要商品远销世界各地，唐朝时期繁荣的经济促进了陶瓷制作技术的发展，陶瓷开始成为外销产品，唐代晚期到五代十国时期的陶瓷作为大宗贸易物品销往许多国家和地区。世界闻名的唐三彩、南方越窑的青瓷、北方邢窑的白瓷以及长沙铜官窑的釉下彩陶瓷等，在朝鲜、日本、东南亚、中东的许多地区都有出土，大多为中国传统风格制品，同时具有少量的异国情调元

元 青花海水杂宝纹菱花口盘
土耳其普卡帕皇家博物馆藏

素。宋元时期，随着海上交通的发达和航海技术的提高，对外贸易进一步加强，中国陶瓷输往国外的景象空前繁荣，尤其是在东南沿海城市设立"市舶司"管理海上贸易以后，大量瓷器从这些港口起航，沿着唐、五代时期开辟的海上丝绸之路，源源不断地运往亚非各国，其中以日本和东南亚居多，运往阿拉伯和埃及的数量也很可观。宋代的外销瓷器以龙泉窑的青瓷为主，也有部分景德镇青白瓷。元代景德镇的青花瓷大放异彩，成为远销海外的高档产品，另外还有福建、广东沿海瓷窑专门烧制外销瓷，北方的磁州窑、耀州窑也有部分外销。

明清时期，随着欧洲资本主义的萌芽与发展，中国的对外贸易也跨入了一个新阶段。明永乐、宣德时期，郑和七下西洋促进了海外贸易的发展，大量的瓷器产品出口到亚非各国。随着明代晚期海禁的废除和葡萄牙、荷兰等国的殖民入侵，中国瓷器开始畅销欧洲诸国。明代中后期，外国商人开始来中国大量收购、订制瓷器。18世纪前期，清政府允许欧洲的英国、荷兰、丹麦等国在广州设立贸易机构，使销往欧洲的中国瓷器数量达到有史以来的顶峰。鸦片战争之前的瓷器大部分销往朝鲜、日本、东南亚诸国和欧洲市场，欧洲市场最大，据荷兰东印度公司的记载，每年仅巴达维亚一地销往欧洲的瓷器就有三百多万件，再加上中国商人和其他国家直接运往欧洲的瓷器，其数量之巨是可想而知的。明清时期的外销瓷品种不再局限于宋元时期常见的单色釉瓷器，主要以受人喜爱的景德镇青花瓷和釉上彩瓷产品为主。另外还有许多瓷器的纹饰是画工依照欧洲外商带来的图样精心描绘的，纹饰题材主要包括家族徽章纹、人物故事、动植物纹饰、码头风景等纹饰，这一类产品主要在广州生产，所以也称之为"广彩"。

二、中国陶瓷外销对世界的影响

1. 影响了世界各地人们的生活方式

中国陶瓷所到之处，深深影响了世界各地人们的物质生活方式。从17世纪初至19世纪末的三百年间，销往欧洲和美洲及其他地区的中国瓷器逐渐遍及全世界，全世界五大洲中，除大洋洲外，亚洲、欧洲、非洲、美洲的许多地区都有中国的贸易瓷，都有中国瓷器的航海交易记录。

15—16世纪 越南 青花大象卧云纹盘

在中国陶瓷传入东南亚地区以前，当地主要以植物叶片作为盛放食物的器具，现在有些不发达的地方还保留有这种遗风。宋代海外地理名著《诸蕃志》记载了东南亚诸国的饮食风俗，登流眉国人的饮食以葵叶为碗，直接用手抓着吃，苏吉丹则用缄树叶作为盛放器皿，吃完之后就丢弃掉，渤泥国也没有陶瓷器皿，多以竹编和多罗树叶为器。《明史·外国传》中记载了文郎马神国最初都用蕉叶为食器，后来与中国商人互市，逐渐改用瓷器。中国的陶瓷制品随着商船进入东南亚各国后，为当地的人们提供了精美实用的器皿。

越窑青瓷于9世纪传入日本以后，除作为日用生活用器使用外，还被当作艺术品对待，受到很高的礼遇。青瓷在日本一般用来盛放天子御食，日本天皇还常将中国瓷器作为国宝赐给有功之臣，作为至高无上的嘉奖。越窑青瓷还被作为墙壁装饰物在日本的宫廷中使用，以美化环境。

从18世纪开始，中国的瓷器开始在欧洲有了极大的市场。随着中国瓷器的大规模进口，欧洲国家许多家庭的日常生活发生了改变，传统的木质与金属餐具逐渐被中国瓷器所替代了。特别是法国国王路易十五掀起的"日用品革命"浪潮，使得法国乃至欧洲国家的千家万户用上了中国瓷器，形成了在多方面使用瓷器的生活习惯，可以说，中国的陶瓷产品在很大程度上影响着世界上的不同国家，特别是欧洲各国人们的生活方式。

2. 融入各地的宗教文化和民俗文化中

中国瓷器的大量外销，给世界各地人们的日常生活带来了很大的方便，提高和丰富了他们的生活水平和物质文明，而且中国瓷器中蕴涵着深厚的中华文化意蕴，逐渐渗透到了他们的思想文化和精神世界之中，这首先表现在西域伊斯兰教和印度佛教等宗教文化上。伊斯兰世界热爱蓝白两色，因此在元代伊斯兰教盛行的地区，往往用珍贵的青花瓷器来装饰清真寺内的祭坛、天花板、门道的拱腹等。清真寺是穆斯林举行宗教功课、举办宣教活动和传授宗教知识的礼堂，祭坛是供奉真主和供品，并受穆斯林顶礼膜拜的圣坛，青花瓷摆放或镶嵌于祭坛等处，表明了中国的青花瓷在穆斯林心目中神圣而崇高的地位。日本学者三上次男曾在斯里兰卡的德地卡玛的古佛塔附近发现了越窑、龙泉窑青瓷、青白瓷、黄釉瓷器遗存，他认为这些来自10世纪至13世纪的中国陶瓷都是作为供品安放在佛塔中的。佛塔亦称浮屠，最初的佛塔用于供奉释迦牟尼舍利，后来佛塔还用于供奉佛像、收藏佛经等，供奉佛像的供品用来自中国的珍贵瓷器盛放。瓷器在这里不只作为盛放供品的容器，也是作为供品来供奉于佛前，其在佛教徒看来，无疑是珍贵神圣的礼佛之物。中国陶瓷产品的输入给世界各大宗教文化特别是伊斯兰教与佛教文化带来深远的影响，由此可见一斑。

古代婆罗洲的原始部族的人们热衷于圣瓮崇拜，他们认为每个受到崇拜的圣瓮都有其神话式的起源。据《北婆罗洲土著之民俗研究》一文说，他们在"圣瓮节"崇拜圣瓮的情形颇为热闹。"圣瓮节"当地叫作"丽加侯"，所举行的仪式称为"摩伯"，目的是驱逐村中的一种邪魔。这种圣瓮在这一区域的总数不超出30个，价值很高。圣瓮称为"吴西"，每个重达90~136千克，可分为两种，一种叫作东朴大瓮，一种叫作夏加小瓮。东朴高约120厘米，为青棕半透明之瓷器，为华侨所造。《东西洋考》文郎马神条说："盛食以蕉叶为盘，及通中国，乃渐用瓷器，又好市华人瓷器，画龙其外，人死葬瓮中以藏。"这种风俗，在当地不仅古已有之，及至现代，也有留存。由此可见，中国瓷器文化已深深融入他们的民俗文化之中了。

3. 促进了世界东西方各国、各民族之间的文化融合

16世纪的中国与欧洲各国建立了直接的商业贸易关系，因此具有东方色彩的中国陶瓷产品才能逐渐打开欧洲市场，在法、德、英国家的上流社会受到欢迎与重视。景德镇陶瓷代表着中国陶瓷的最高水平，工艺细腻纤巧，典雅飘逸，令欧洲的

艺术家大为赞赏并深受其陶冶。中国陶瓷、纺织品和家具逐渐深入欧洲社会的生活和艺术领域，中国的传统文化艺术也对欧洲的艺术审美产生了潜移默化的影响。在17—18世纪西方室内设计、家具、陶瓷、丝绸及园林设计中，均形成了具有中国元素审美风格的艺术流派。中国风格就是中国东方色彩与民族风格。当然中国风格大多是与欧洲的巴洛克和洛可可式的艺术形式融合在一起的，其特点是：采用不对称的中国传统图案和纹饰，多用蓝白色对比，摒弃传统的散点透视画法，大面积地贴金涂漆。由于资本主义萌芽的产生和社会经济的发展，欧洲艺术先后演变成17世纪巴洛克和18世纪洛可可两种迥异的风格类型，而中国陶瓷对巴洛克和洛可可两种西方艺术风格均产生了深刻的影响。明清时期的彩釉瓷器进入欧洲后，与巴洛克时期壮丽辉煌、热情奔放的艺术审美风格融为一体。明清时期的陶瓷工匠为了追求陶瓷艺术的意蕴之美，采用大自然中的动物、植物甚至人体自身作为瓷器形体的范本进行陶瓷产品的创作。景德镇釉里红牡丹莲瓣纹盘的盘心上所绘牡丹，通过变形和夸张的处理手法概括出抽象的茎叶，衬托大面积的牡丹花朵，起到了明显的主次关系作用。由此可见，欧洲巴洛克艺术风格中豪华壮丽的色彩、曲折夸张的线条，可以看成中国文化艺术在欧洲的演变与重现。关于中国传统艺术审美与洛可可艺术风格的关系，国外美术史家利温奇对此作了高度评价，他认为洛可可艺术的审美风格和中国传统审美情趣的契合，主要在于都拥有一种纤细入微的情调。这种纤细入微的情调正是中国陶瓷文化艺术融入洛可可艺术的切入点与结合点。日本艺术史研究家小林太市郎则指出："洛可可艺术的主要特征，完全是由中国工艺美术而来，所以这个洛可可是一个暧昧不明的称呼，不如直接称之为中国-法国式美术，其意义更明确而实际。"色调纤雅细淡的中国瓷器成为洛可可艺术风格的典型元素。洛可可时期的欧洲人对于中国的认识不仅是通过文字语言，更多的是通过晶莹剔透的瓷器与飘逸的丝绸来了解当时古老的东方大国。中国陶瓷在传播中国文化及与欧洲文化的融合中所起的作用，由此可见一斑。

自古以来中国文化对一衣带水的日本产生了广泛而深远的影响，中国瓷器在日本上得天皇贵族青睐，下受平民百姓喜爱，通常被做为饮食器具、装饰品、祭祀礼器、艺术收藏品等。日本评论家中岛健藏说过："我们可以断言，如果不谈中国的影响，那么根本无法说明日本的传统工艺美术。"其中日本"茶道"的产生就深受中国建窑瓷器的影响，建窑瓷器的美学内涵主要是通过茶文化体现出来的，随着宋朝的灭亡与中国斗茶文化的衰落，黑釉盏类的建窑瓷器也逐渐退出了中国历史舞台。但茶文化却在日本得到了弘扬与发展，日本人将这种黑色的茶盏称为"天目"，至今我们仍能在国内或日本的茶馆里看到日本人表演"茶道"。

4. 推动了西欧陶瓷生产技术的快速发展

中国古代陶瓷烧造技法的外传，是中国陶瓷制品对外输出的直接结果，而其产生的意义甚至比产品外销更为重大。正是有了中国陶瓷器的大量海外销售，才有了外国人学习烧造瓷器的过程以及取得的成就。自唐代以来，越窑出产的青瓷一直受到世界各地人们的喜爱，并一度成为中国海外贸易中取代丝绸的最大宗物品。但由于瓷器属于易碎物品且占空间较大，运输量较小且成本高，因此作为高档奢侈消费

日本江户时代　伊万里青花人物纹盘

品的越窑青瓷越来越难以满足日益增长的海外需求，于是许多国家纷纷开始仿制中国的越窑青瓷，这就大大促进了世界陶瓷工艺水平的提升与发展。

日本与中国隔海相望，由于地缘关系，中国在公元前2世纪就开辟了通往日本的海上航道，到唐朝时，中国文化对日本产生了广泛而全面的影响。唐代时期从中国销往日本的瓷器主要是越窑青瓷，其次就是长沙铜官窑瓷器。有史以来日本就对中国的制瓷工艺垂慕不已，早在南北朝时期，日本天皇就曾经派使臣前往朝鲜半岛，邀请中国的高级陶瓷工匠前往日本传授制瓷工艺。8世纪时，日本制陶工匠开始效仿中国烧制陶器。大约在9世纪初的平安时期，日本爱知县的猿投窑积极模仿中国越窑青瓷，整体造型与纹饰也受到越窑青瓷的影响，其烧制的淡青釉或绿釉陶器，出现了与越窑青瓷花纹相同或相近的暗花。日本另一种绿釉陶器呈淡绿色，类似于中国北宋时期的越窑青瓷，也刻有与越窑青瓷花纹相同的暗花。

朝鲜半岛与中国接壤，受汉文化影响比其他国家更多，在陶瓷器制作方面，朝鲜人充分学习和融合了中国的制瓷工艺。中国的越窑青瓷早在唐代时期就传入朝鲜

17世纪李朝 青花松鹿鹤纹瓶

半岛，10世纪初期，高丽陶瓷工匠已经初步掌握了仿制青瓷的技术。11世纪末，高丽陶工成功烧造出青釉瓷器，时称"高丽秘色"，达到了相当高的水平。《太平老人袖中锦》评："高丽秘色"与"定窑"同称"天下第一"。北宋宣和六年（1124），徐兢出使高丽后著述的《宣和奉使高丽图经》中有这样的叙述："有狻猊出香，亦翡色也。……此物最精绝。其余则越州古秘色……"可见，高丽人仿造越窑瓷器取得了巨大成就。此外在亚洲的泰国、伊朗等其他国家，也相继出现模仿中国越窑青瓷的制作工艺，从而烧造出具有各自艺术风格的陶瓷。

西亚是唐宋以来中国输出陶瓷最多的地区，因而西亚地区的制陶业对中国陶瓷制作技法的理解和体会也是很深刻到位的。9世纪后半叶至10世纪前半叶，具有独特伊斯兰风格的本土陶器得到迅速发展，同时西亚的传统制陶技艺与这一时期外来的中国陶瓷技艺产生了深度的交汇与融合。至14世纪，中国青花瓷器外销，伊斯兰开始大量仿制白底蓝彩陶器。15—16世纪，这种陶器有所发展，并出现许多中国式的上釉描花陶器，与中国青花瓷十分相似。17世纪时，土耳其生产的许多

伊拉克 蓝釉陶器

白底蓝彩陶器中，也依然有许多中国式样的产品，有的产品与中国外销瓷风格极为相似。

欧洲的制陶工艺有着十分悠久的历史，如希腊半岛和巴尔干半岛的彩陶文化在公元前6000年时即已出现，西欧的印纹陶文化存在于公元前5400年，中欧的线纹陶文化的时间上限是公元前5000年。数千年来，欧洲制陶业有过许多辉煌时期，涌现了无数精美的作品，但制陶工艺没有取得质的突破与飞跃。16—17世纪，大量中国瓷器陆续进入欧洲大陆，受到了各地国王、贵族乃至整个上层社会的热烈欢迎。这种用白土烧成的器皿，竟如此神奇昂贵，其价值甚至超过黄金，于是欧洲许多国家的制陶业纷纷开始进行对中国瓷器的仿制。1708年，德国一位年轻的炼金术师伯特格尔烧成了瓷质朱色炻器，这是欧洲最早的瓷器。从此之后，经过许多代人的不懈努力，欧洲的瓷器质量不断提高，并出现了具有东方异国情调的中国式样瓷器，有的从工艺上模仿，有的在纹饰上复制。这都表明中国瓷器对欧洲陶瓷器的制作曾产生过重要的影响。

清·光绪 青花花卉开窗杂宝人物纹盖罐

5. 间接促进了航海技术的飞速发展和海外殖民扩张

1517年，葡萄牙国王曼努埃尔一世派遣费尔南·佩雷兹前往中国，从而开辟了通往中国广州的海上航道，与中国建立贸易关系，中国瓷器才开始了运销欧洲的历史，但当时的交易数量还很少。据说在1607年的法国皇室用一只中国瓷碗盛放肉汤是件非常了不起的事情，当时只有国王和皇室贵族才买得起比黄金还贵的中国瓷器。英国于1600年的东印度公司时期，就开始与中国进行瓷器贸易。英国东印度公司是主要对中国和印度进行殖民统治及贸易经营的组织。17世纪时期中国与欧洲的商品贸易主要控制在荷兰人手中，直到17世纪末期，英国和法国才逐渐控制了欧洲与中国的瓷器贸易。1685年，英国派遣商船"中国商人"号到达中国福建厦门，第一次运载了大批中国的丝绸、瓷器和茶叶等物品回国。1699年，一艘名为"马克利斯菲尔"的英国商船来到广州，装载了53箱瓷器回到英国；1701年1月20日，在广州入港的"艾登"号装有值银17万两的10万个瓷杯；1716年，英国"赛杂纳"号装载价值514万两白银的瓷器返回英国；1717年，"埃塞克斯"号装载30万件瓷器回国；1720年，"埃塞克斯"号装载了瓷器112箱及500包；1723年，"蒙塔格"号装载485箱瓷器回国；1735年，英国商船"格拉富圈"号与"哈雷林"号分别从广州和厦门返航，共运载了24万件中国瓷器；1755年，英国在宁波开辟了贸易港，进一步掌握了中国瓷器的贸易大权；1866年5月，英国"燃烧的十字架"号商船从福建返航，也带走大量中国的瓷器与乌龙茶。

从17世纪开始，中国输往欧洲瓷器的数量逐渐增大。据欧洲学者根据荷兰东印度公司的材料统计，1602—1682年，先后共有1600万件中国瓷器被荷兰商船运往荷兰及世界各地。1994年5月4日的《南洋商报》报道，19世纪，在马六甲丹绒比拉海域沉没的英国商船"戴安娜"号上一共装载了180大箱各类中国瓷器；1994年6月10日该报又报道，在马六甲海域沉没的"戴安娜"号附近共捞出500

余箱共计 2.3 万件中国瓷器，除 3000 件放在海事博物馆的货仓展出，其余均在佳士得拍卖行进行拍卖。这段史料中的翔实数据，便充分说明了当时中国陶瓷大量外销，不仅大大活跃了世界各国商业贸易与市场，也深深影响了西方各国航海技术发展与野蛮的海外殖民掠夺。

清·雍正 青花花鸟纹海棠式盘

中国对外贸易陶瓷历史行纪
HISTORY OF CHINA'S FOREIGN TRADE CERAMICS

中国古代对外贸易始于秦汉，至唐宋进入黄金时期，随着明朝前期的郑和七下西洋而达到高峰，又因清朝的海禁政策而仅剩广州一座海关口岸，直至鸦片战争的爆发。陶瓷是中华文明的重要组成部分，是先民将泥土与火焰融合并发挥到最高境界的艺术，它作为集实用价值、文化价值、艺术价值于一身的产物，是社会文化发展的重要载体。陶瓷作为中国对外贸易的重要商品，见证了古代中国对外贸易的开始、发展与萧条，在中国对外贸易交流活动中充当着文化传播媒介的重要角色，对世界经济与文化艺术产生了深远的影响。

具体到中国古代对外贸易史来说，汉代张骞、班超出使西域，使我国和中亚、西亚各国外交商贸日益频繁，至魏晋时期仍与周边国家保持着密切联系。唐朝一改前代以政治外交为主，转向以经济、贸易为主的发展轨道。唐代中期，沟通东西方的陆上丝绸之路受到复杂的政治、军事的影响屡次中断，因而通过海路与世界经济文化的交流得以迅速发展。宋代海上贸易更加发达，造船业有官营、民营作坊，船的最大载重量为1100吨，吃水深，抗风浪能力强，船上设备齐全，可远涉重洋，我国逐步发展为海上强国。元代是历史上唯一横跨欧亚大陆的政权，将中国文化最西边界推进到美索不达米亚，加速了蒙古政权和穆斯林文化的结合，泉州在当时号称世界最大港口之一。明朝制瓷业、棉纺织业、矿冶业和造船业发展更为迅速，商业资本转化为生产资本，而海外贸易随着政治形势发展时宽时严。郑和七次出使西洋各国，加强了海防，极大地促进了对外贸易。随着商舶贸易兴起，贡舶贸易走向衰落，牙行制度的完善、规范促进了对外贸易。清朝时期，开海设关鼓励贸易是主流，实行"以官制商，以商制夷"，亚洲、欧洲、美洲主要国家都曾与中国有直接的贸易往来。明清时期，随着欧洲航海技术日益成熟，特别是地圆学说的确立，世界新航线的开辟，使中国与欧洲的直接贸易往来和文化交流越来越频繁。

中国陶瓷对外传播不晚于汉代。汉代打击地方割据势力，加强中央集权、改革财政、发展经济。陶瓷、冶铁、纺织等手工业得到快速发展，商业的繁荣，使富商大贾"周流天下"，甚至"富埒天子""交通王侯"，势力很大。长安是全国政治、经济、文化中心，在世界城市史上占有非常重要的地位。洛阳、临淄、邯郸、江陵、苏州、广州都是著名的大都市，广州还是对外贸易的重要港口。

先秦时期，中国就与西方建立了贸易通道。汉朝初期，匈奴频繁进犯中原，使这条通道被阻塞，张骞首次出使西域虽未达到联络大月氏夹攻匈奴的目的，但收集了大量西域资料。最终，汉人击败匈奴，获得了河西走廊，打通了大汉与西域的通道。之后，张骞再次出使西域，通使大夏，从此，汉与西域的联系更加紧密，丝绸之路也正式开通。此时的"丝绸之路"从长安出发，经敦煌、鄯善、于阗、龟兹、疏勒等地，越葱岭到大宛、康居、奄蔡可达安息，由安息向西到达大秦（罗马帝国），成为当时经济交流的大动脉，形成了连接中国、印度、两河、埃及、希腊和罗马的欧亚古典文明带。中西双方的经济与文化交往步伐不断加快，规模也越来越大。此外，这一时期的海上丝绸之路也已初具规模，《汉书·地理志》记载："自日南障塞、徐闻、合浦船行可五月，有都元国；又船行可四月，有邑卢没国；又船行可二十余日，有谌离国；步行可十余日，有夫甘都卢国。自夫甘都卢国船行可二月余，有黄支国……有译长，属黄门，与应募者俱入海市明珠、璧流离、奇石异物，赍黄金杂缯而往……自黄支船行可八月，到皮宗；船行可二月，到日南、象林界云。黄支之南，有已程不国，汉之译使自此还矣。"这是关于"海上丝绸之路"的最早记载。

东汉时期，班超出使西域三十余年，使"丝绸之路"畅通无阻。从此，西域地区和中原的经济文化联系更加紧密，增进了汉族与西域各族人民的友谊。97年，班超曾派副使甘英出使大秦国（今罗马），一直到达条支海（今波斯湾）。甘英这次出使虽然没有直接开辟与大秦通商的道路，但也反映了东汉要与欧洲建立贸易关系的愿望。

166年，罗马人以罗马国王安敦的名义赠送汉桓帝礼物，自此汉与罗马的贸易关系更为频繁。同时，印度、缅甸等国与汉朝的联系也越来越密切，汉明帝派蔡愔去印度取经以后，印度的僧侣大量来到中国。自此，佛教开始传入中原地区，并在统治阶级中间开始流传。东汉王朝与朝鲜、日本、越南的联系也很紧密，中国的耕种技术、陶瓷技艺、纺织技术、冶铁技术的相继传入，促进了他们的经济发展。

魏晋时期，中国与周围国家继续保持着密切联系，南方的建康、番禺，北方的洛阳、长安都有外国使者和大批商人，中国也有使者和大量商人到外国去。东吴至南朝，水陆交通条件优越的广州逐渐取代徐闻、合浦，成为中国海上对外贸易的重心。此后，广州的海上贸易日益兴旺，由海道来广州的外国僧人、商人、使节越来越多。从广州出发的海舶已能通过马六甲、孟加拉湾、阿拉伯海进入波斯湾，以及通过幼发拉底河进入红海和地中海。在此期间，到达广州进行贸易的国家与地区有：大秦、天竺、斯里兰卡、克什米尔、柬埔寨、泰国、马来半岛、加里曼丹、爪哇岛、苏门答腊、巴厘岛等。

到了隋唐，丝绸之路沿线贸易更加繁荣，达到鼎盛时期。这一时期，通过多次对突厥用兵，中央政府最终控制西域各国，并在唐代设立了安西和北庭两大都护府，以控制和管理西域。和平的环境促进了丝绸之路沿线贸易的发展，新的支线商路不断被开辟。裴矩所著的《西域图记》记载了敦煌至西域的三条道路，即北道（又叫新北道）、中道（即汉代的北道）和南道。《隋书》卷六七《裴矩传》载："其三道诸国，亦各自有路，南北交通……故知伊吾、高昌、鄯善，并西域之门户也。总凑敦煌，是其咽喉之地。"同时，这一时期的海上丝绸之路也得到了快速发展，船只从中国出发，最远已可经天竺到达大食，乃至与欧洲国家进行联系。广州、泉州、刘家港成为著名港口。

隋朝大业五年（609），隋炀帝西巡河西，彻底解决了长期以来中西交通不畅的矛盾，进一步促进了丝绸之路贸易和文化的繁荣。中原地区的商品，特别是丝绸、纸张、瓷器等，经由河西走廊，源源不断地流向西域、中亚、欧洲等地。唐代的中国是当时世界上最强大的国家之一，其经济和文化发展水平均位居世界前列，对外交往也由以往的政治外交为主转变为以经贸交流为主。唐代以全面开放的姿态参与东西方交流，并设置鸿胪寺以接待外国使节。这一时期丝绸之路的商品仍以丝绸为

隋 青釉模印塑贴四系罐
（故宫博物院藏）

主，其他商品还包括瓷器、药材、粮食、骆驼、马等。河西走廊丝绸之路的沿线城镇在中西贸易交流中具有极其重要的作用，是中外使节及客商聚居与交流的重要平台。

宋代是中国历史上商品经济、文化教育和科学创新的鼎盛时期。但由于宋朝军事实力较弱，其实际控制范围相较前代大幅减少，失去了对河西走廊的控制。至南宋时期，更是无法涉足西北地区，加之奥斯曼土耳其帝国的崛起，陆上丝绸之路衰落日益明显。相反的，经济与造船技术的发展，使海上丝绸之路迅速崛起，逐渐开始取代陆上丝绸之路。

这一时期，造船与航海技术显著提高，指南针广泛运用于远洋航行，海上贸易蓬勃发展，《宋史·食货志》所谓"东南之利，舶商居其一"。同中国贸易的国家和地区已扩大到亚、非、欧、美各大洲。海上运输船舶运载量大，有利于瓷器逐渐取代丝绸成为最主要的商品。海上丝绸之路沿线的国家，也逐渐将中国的代称由Seres（丝）改为China（陶瓷）。

元朝是中国历史上唯一一个横跨欧亚大陆的王朝。版图的辽阔，驿路的设立，使陆上丝绸之路的交通通道逐渐恢复，贸易再度繁荣。这一时期，中国东南沿海和伊斯兰世界、基督教世界的交往除商业关系外，因通婚及宗教信仰的变化，文化交流向更深的层次渗透，以至在对外贸易最为发达的泉州地区，出现了许多受汉文化影响极深的阿拉伯人或穆斯林后裔。在海上丝绸之路方面，泉州反超广州成为第一大港，号称世界最大港口之一。因为贸易由政府直接管理，采用专卖的办法垄断货源，因此这一时期丝绸之路的交往以宗教、文化交流为主。

元代的对外贸易，东至朝鲜、日本，西至波斯、阿拉伯、非洲。官文书常见有："回回田园地里"和"忻都田地里"等用语，前者是指阿拉伯半岛、波斯湾，以及非洲东北部，后者则指印度次大陆。汪大渊《岛夷志略》中记载了近百个与泉州往来的国家和地区。伊本·拔图泰在他的游记中提到，从印度前往中国，只能乘坐中国的

元 青花莲池鸳鸯纹菱花口盘

商船,在印度卡利卡特港口,他曾看到十三艘中国商船同时停靠,可见当时的外贸规模是相当大的。

明代海外关系发展具有两重性,一方面加强经济文化往来,一方面又实行海防政策。明代初期就建立了"四夷馆",以培养翻译人才。在与其他国家的交流方面,明太祖持"怀柔"态度,鼓励东南亚国家入明朝贡,"远夷跋涉万里而来,暂尔鬻货求利,难与商贾同论,听其交易,勿征其税"。明成祖时期,朱棣注重维持海防安宁与和平环境,发展中外关系,创造了"万国来朝,天命所集,人心所向"的景象。1405—1433年,郑和连续七次统率百艘巨舰,渡南洋、过印度洋、达红海,历经东南亚、南亚、西亚和东非30多个国家和地区,航程总计16万海里,进行经济文化交流。

随着商舶贸易的兴起,贡舶贸易走向衰落,城市的繁荣使牙行得到较大发展。中国牙行制度的完善,促进了对外贸易的发展,内地的商贩积极参与,又使商品的流通变得迅捷而有组织。永乐年间在城乡商业较发达的区域设立官牙,客商除了向官店交塌房钱外,还要交纳牙钱。牙行在外商和内商之间,作为买卖的中介人即评定货价,介绍卖方,维持秩序,主持公正,以免出现短少尺寸斤两,货物以假冒真,

明·永乐 青花云龙纹罐

发生欺骗、冲突、争吵、殴斗等现象。

同时,明朝统治者又实行重农抑商的国策,抑制海外贸易,虽然随着政治形势发展,而时宽时严,但海禁作为指导思想的原则始终没有改变,并且把海禁政策写进《大明律》里,视为祖宗成宪,遵守不渝。嘉靖元年(1522),以"倭寇猖厥"为理由,罢闽、浙二市舶司,封闭泉州、宁波二港,仅存广州市舶司。明代后期,对海外贸易的种种限制,出现了松动的趋势。1567年海禁开放以后,到吕宋经商的中国商人开辟了一条从福建漳州月港直航吕宋的新航路,取代了宋元以来从泉州经占城绕道加里曼丹岛北部文莱到吕宋的旧航线。

清代作为中国历史上最后一个封建王朝,其商业十分繁荣,具有资本主义性质的手工作坊和手工工场得到进一步发展。清朝前期实行开海设关,严格管理海外贸易的政策,中期之后仅留广州一座海关,直至鸦片战争前夕。

清朝建立之初,面对社会经济的衰败和严重的财政困难,顺治、康熙两朝奖励垦荒,实行更名田,兴修水利,废除匠籍,为社会经济的恢复与发展创造了有利的条件。至康熙中期,手工业中的制瓷业、丝织业、棉织业、制糖业、采矿业都得到很大发展,江西景德镇更是成为全国乃至世界制瓷业的中心。乾嘉时期,景德镇从事陶瓷业生产作坊或工场主有数千户，而"靡不借瓷资生"的雇佣，平均每个手工工场主雇佣百十个工人。从规模和分工情况看来，景德镇的制瓷已达到手工工场阶段，窑户就是手工业作坊主或手工工场主，他们雇佣着很多"挟其技能以食其力"的工匠进行生产，这显然是资本主义的剥削关系。

清军入关之后，在对外贸易上，承袭明末的政策，对于沿海百姓的出海经商，没有明文的禁止。后来，为了平定南明势力，统一台湾，清政府曾数次颁布禁海令。直至康熙二十三年（1684）海禁正式停止，并于第二年设立江海关、浙海关、闽海关、粤海关，分别负责管理松江、宁波、泉州、广州四个港口的海外贸易事务，这标志着中国海关制度正式建立。一直到鸦片战争之前，中国的海外贸易才进入开海设关管理的时期。清代前期出口的商品中，最主要的仍然是瓷器、丝绸、茶叶、中药等。这一时期，几乎所有亚洲、欧洲、美洲的主要国家都在广州设立商馆与中国发生了直接贸易的关系。

乾隆二十二年（1757），因"洪任辉事件"，清政府封闭闽、浙、江三海关，仅保留粤海关对外通商。从此，粤海关成为全国通商的唯一口岸。清政府实行"以官制商，以商制夷"的制度管理海外贸易。乾隆二十五年（1760），广州商行开始分类管理，分出三类专业商行。第一类是洋货行（即十三行），专门管理对外进出口贸易；第二类是本港行，专门管理暹罗贡舶贸易及南洋贸易；第三类是福潮行，专门管理福建、潮州的国内贸易。后来本港行被撤销，其业务便划归十三行办理。广州一口通商和十三行贸易垄断一直延续到道光二十二年（1842）。

而在欧洲，从15世纪末到17世纪，各国上至国王、专制政府，下至中小贵族、商人、市民，掀起了向海外探险，寻找新航线的热潮。14、15世纪，西欧商品经济的发展，使自给自足的自然经济基础解体，资本主义生产关系在封建社会的母体内部发展起来，出现了手工工场。到16世纪，西欧从封建社会向资本主义社会过渡，

清·乾隆 青花广彩开光花卉纹双龙耳杯

形成了众多集中的、规模较大的手工工场，由于手工业和农牧业的发展，随之而来的是贸易的发展和市场的扩大，货币成为普遍交换的手段，银本位制逐渐为金本位制所代替，黄金逐渐取代了土地成为新时期社会财富和权力的主要象征。

西欧的封建贵族急需黄金来维持其穷奢极欲的腐朽生活，封建国家急需黄金来维持其摇摇欲坠的专制统治，资产阶级更急需黄金来开办手工工场和农场以大规模地增加资本。然而西欧本身的金银产量不仅没有增加，反而还有下降的趋势，加上西欧与东方贸易，是以价格较低的铜、锡之类交换东方的丝绸、瓷器等昂贵商品，因此，造成了西欧大量入超，每年都大量的黄金外流，引起了统治者的恐慌，为寻找黄金，西方人便把注意力转向东方的印度和中国等。

15世纪，葡萄牙国王亨利在萨格里斯创建航海学院，聚集了大批的领港员、制图员、船舶建造家和科学家，为开辟新航线而准备。1491年，达·伽马率领船队绕过好望角，驶入印度洋，次年到达印度半岛的卡利库特。后来葡萄牙又侵占了果阿、马六甲、爪哇、马鲁里群岛等海上交通要塞，并以此作为和中国进行贸易的前哨。16世纪是葡萄牙在远东海洋上称霸的时代，它是第一个闯入我国，第一个直接和我国进行瓷器贸易的欧洲国家。之后，葡萄牙在澳门设立了永久的商业根据地，收购中国的丝织品、瓷器、木刻品、漆器、黄金，同时推销东印度群岛的香料、药材、染料，却没有一样欧洲的货物，因为它们在中国没有市场，这些葡萄牙人充当亚洲内部贸易的运货人。

16世纪初，西班牙拥有一千艘船，几乎垄断了美洲、欧洲、北非的远东贸易，获得了巨大的利润，巴塞罗那、巴伦西亚、塞维利亚等沿海城市，成为对外贸易重要商埠。17世纪，荷兰的造船业占欧洲首位，商舶吨位数占欧洲总吨数的3/4，有"海上马车夫"之称。俄国人也试图开展与中国的贸易，1689年的《尼布楚条约》和1727年的《恰克图条约》规定，俄国人可以在两国的三个邻接点经商，每隔三年方可派遣商队前往北京，允许他们在北京建一所教堂，留一名牧师和三名副牧师，其教徒在中国京城的人数限于300人，俄国的毛皮、皮革制品、纺织品、牛马和玻璃制品可以同中国的茶、陶瓷、丝绸、漆器进行交换。恰克图是陆地上唯一的贸易市场，主要是清朝为了与俄国保持贸易而设。

中国与拉丁美洲之间的联系不是通过长期接触自然形成的，而是通过欧洲殖民者火与剑的征服，特别是殖民贸易而形成的间接的经济与文化接触。中国与美洲之间第一条航线是：澳门—果阿—里斯本—巴西；第二条航线是：塞维尔—阿卡普尔科—马尼拉—闽粤口岸。中国通过大商舶输往拉丁美洲的货物包括了丰富的中国特产、工艺品和日用品，其中陶瓷、丝绸为大宗商品。

新航线的开辟，不仅使国际贸易显著增长，统一的世界市场逐渐形成，而且逐渐地消灭了各国自然形成的孤立状态，推动了社会经济的重大发展。世界新航线的开辟，特别是陶瓷之路的开辟，与当时的科学技术密不可分，可以说没有发达的科学技术就没有中国陶瓷全球贸易，就没有中国陶瓷和世界文化的融合。欧洲的地圆学说，使15世纪的冒险航海得以实现，中国的指南针使航行能明确方向和位置，天文知识和气象知识使航海变得迅捷。

中国对外贸易陶瓷亚非行纪
CHINA'S FOREIGN TRADE CERAMICS IN ASIA AND AFRICA

中国与朝鲜半岛山水相连,两地人民自古就有良好的往来,至唐代,中朝贸易发展到一个高峰,明代中朝贸易的结构完善促进了中国陶瓷文化在朝鲜半岛的传播。中国与日本的贸易始于秦汉时期,至隋唐达到鼎盛,即使到了清代,日本实行锁国政策之后,中国与日本之间的贸易并没有因此中断,还逐渐成为日本学习中国陶瓷文化的重要途径。中国与东南亚的马来半岛、印尼、菲律宾等国家和地区一直有着密切的商业贸易,在郑和下西洋之后,中国与东南亚地区的贸易有了巨大的发展,并被纳入朝贡体系。非洲与中国的交往,以北非和东非最早。至明朝时,中非间的交流达到顶点。汉朝时期,非洲对中国形象的认识只限于丝绸。唐代以后,瓷器逐渐兴起,其影响力很快超过丝绸成为一种新的世界性的商品。唐代及以后大量的瓷器由中国运往非洲,对非洲文化产生深远影响。

一、中国陶瓷对朝韩陶瓷文化的影响

朝鲜古称高句丽,因与我国的吉林和辽宁省接壤,受中国传统文化的深刻影响,中国的陶瓷艺术、冶炼技术、农耕技术和儒家思想在半岛上有着广泛传播。朝鲜的陶瓷有久远的历史，早期的硬质陶器称为"新罗烧"，在世界陶瓷史上也占有重要地位。中国瓷器的传入，对朝鲜青瓷、白瓷的出现有着重大的影响，今天朝鲜半岛各地的古代都城遗址中，经常都有许多中国古代青瓷和白瓷遗物被发掘出来。三国时期的朝鲜半岛，到中国留学的主要是僧侣。至唐宋时期，两地贸易交流更加活跃，大批使节、学者、商人来到中国。比如朝鲜学者崔致远就和中国文人交游甚广，并有很高的汉文造诣。为了便利往返的高丽使节，中国在东南沿海建有新罗馆、高丽馆，许多中国商人也经常到高丽首府开城，如宋仁宗时期，徐兢奉使高丽，这在《高丽图经》中有详尽的阐述。唐代，我国越州窑青瓷系逐渐形成并走向成熟，烧制出的青瓷大量销往国外，从形制釉色看，高丽青瓷和越州窑制品就十分相近。宋朝的文化书籍、织物、药材、乐器对高丽贵族具有很强的吸引力，高丽文宗之子，即后来的高僧大觉国师义天，1084年来到宋朝，汇集了很多佛教经典，这从侧面为中国陶瓷传入朝鲜创造了文化基础。朝鲜半岛出土宋代中国瓷器最多的地区为海洲龙媒岛、开城附近及江原道的春川邑等，器物类型有磁州窑白地黑花瓶、耀州窑刻花注碗、临汝窑印花碗、龙泉窑青釉碗、景德镇青白瓷等。南宋末年至元代，吉州窑

高丽 青瓷镶嵌花草茶盏盏托

又生产出独具风格的彩绘瓷，其中以瓶类器型为多，这种釉下彩绘碗瓷器是元代的主要贸易产品。

中国文化的传入，逐渐使中国传统陶瓷图案纹样与朝鲜族的习俗和喜好相融合，并赋予它们以新的含义。朝鲜半岛在他们最为盛大而隆重的节日——元旦，爱贴"十长生"（山、水、石、云、松、鹤、鹿、龟、太阳、不老草）为内容的年画。而在婚礼中则行奠雁礼，以双雁高飞、至死不离，象征永相爱、不分离。这些吉祥图案有不少是借鉴中国陶瓷上的纹样，并且朝鲜、韩国的陶瓷上也常常用它们来作装饰纹。朝韩有"白衣民族"之称，他们对白色具有一种特殊的爱好，因此，也特别喜欢中国的白瓷，把白如玉的中国瓷器当作宝物珍藏。此外，他们也喜欢灰黑色，中国铁锈花陶瓷，即在白胎上装饰黑色铁锈，和他们的审美理念融合在一起，也成为他们至爱的佳器。

进入李朝（1392—1910）以后，朝鲜陶瓷的发展进入繁荣期，一般分为三个时期，即李朝初期（三岛时期）、李朝后期（白瓷时期）和朝鲜近代（杂器时期），这里主要研究"三岛"和"白瓷"两个时期。朝鲜瓷器的品种剧增，在青瓷、白瓷的基础上，又出现了"三岛""青花""茶碗"等很有特色的陶瓷品种，器型也更加多样奇特了。三岛是朝鲜陶瓷最富特色的一个品种，深受我国宋代磁州窑的影响。高丽茶碗也是朝鲜陶瓷很有特色的一种，它与日本茶道有着密切的关系。高丽茶碗并不是以制作上的精工和装饰的华丽夺目取胜，而是以自然、粗犷、朴素的乡土气息博得茶道界的赏识。

从李朝陶瓷的装饰纹样，可以明显地看到中国图案装饰形式对它们的影响，景德镇陶瓷釉色花面、吉祥图案令人吃惊地在朝鲜陶瓷上出现。景德镇的青花瓷器，朝鲜史籍称为"青画白瓷器""青花瓷器""釉里青"等。元明时期，青花瓷随着贸易大量流传到朝鲜，受到李氏王朝的喜爱。因此，李世宗下旨命令官窑仿制，精细烧造青花瓷器，除了著名的官窑外，在平安南道的成川、全罗北道的南原和庆尚

李朝 青花云鹤纹碗

北道的民窑，也都开始烧造青花瓷器。朝鲜早期的青花瓷完全仿制景德镇，不管器型、胎釉还是器足，甚至装饰纹饰都与中国青花瓷非常相似。近年来出土了许多李朝的青花瓷器，品种有花瓶、碗、方壶、圆壶、钵、小洗、酒壶、笔筒、四角瓶、盖碗、水壶、香炉、油壶等，这些陶瓷上出现了诸如"风调雨顺、时和年丰""立春大吉、建阳多庆""去千灾、来百福""富贵多男""寿福康宁"的寓意吉祥图案。李朝青花中的写意山水，受中国山水画影响最深，沿袭了中国青花装饰技法中文人画的风气。主要风格表现为宋元诸家的写意山水，最明显的是受元末倪瓒画风的浸润，写意山水常常表现近景为山坡亭台、岸边茅庐，多伴有树竹衬映，中景是一片江水或湖泊，远方有隐约的山峰、日月。用笔简洁但景致饱满，虽不如倪氏笔墨之精妙，但可见其风范。甚至李朝青花瓷中还有"月到天心处，风来水面时"的中国诗句，文字也笔走龙蛇。被中国文人喻为"四君子"的梅兰松竹和"三友"的梅兰菊，流行于李朝青花瓷的装饰中，以物喻人、以物寄情。王冕创作的垂枝梅花、蟠枝老梅等被普遍地仿效。

15世纪末，朝鲜李氏王朝中央集权官僚体制逐渐巩固，但到了16世纪开始显露种种矛盾，士林阶层作为新的政治力量登上历史舞台，他们尊重中国传统文化，宣扬王道正统，以程朱理学为根基，从陶瓷艺术上看，虽然仍以生产白瓷和粉青瓷为主，但艺术风格已有很大改变。

二、中国文化对日本陶瓷文化的影响

中日文化自弥生时代开始，有两千年的交流历史，主流是中国文化的输出，以日本奈良时期发生的"全盘唐化"最为明显。自秦汉时期，中国与日本就已经开始交流，但一直到魏晋南北朝时期，中日的交往路线还是要经过朝鲜半岛，从陆路过海峡或沿岸航行。中国正史中第一次提到日本是《汉书·地理志》中："乐浪海中有倭人，分为百余国，以岁时来献见云。"可见，西汉时期中国已经明确知道日本列岛的大概位置，并且当时日本许多小国家已经主动前来汉朝朝贡。至隋唐时期，中日的交流路线变为直接渡海为主，有使节往来，日本更是派遣大批遣唐使、留学生、留学僧来华，出现了中日文化交流史上的一个高潮。宋元时期，中国与日本之间的官方联系虽然中断，但民间的贸易及僧侣的往来十分频繁，这期间科学技术的交流，使日本在医学、陶瓷、建筑等方面都有了很大的发展。明清时期，中日两国的交流更加多样，既有贸易，又有移民，甚至有战争。交流内容除物质的商品贸易外，更加突出精神文化，并且逐渐从佛教这一重点转移到儒学、美术、书法、医学以及政治和经济上来。在与日本的交流过程中，中国陶瓷文化起到重要的作用。日本陶瓷凝聚了中国陶瓷装饰中的文学、艺术，闪烁着中国传统民族文化的风采。

1. 中国书法艺术对日本陶瓷文化的影响

日本的书道便是中国书法在日本传播的结果。1世纪，北九州与后汉往来，便可能用汉字表达语义。3世纪，邪马台国已有懂汉字的人，王室成员学习中国的典籍。古坟时代，精通汉文的人担任史官或博士。8世纪以前，汉字就已经成为日本记述的工具，多为模仿王羲之等人的行书和草书，但已经具有了日本风格。日本陶瓷最早出现中国的汉字是古坟时代，广岛土师器上出现墨书的汉字"愚""荒神""不动""佛"等。9世纪的须惠器上也有墨书的汉字纪年款识。这些尽管是汉字，但还不能以书法艺术相称。真正把书法作为陶瓷的装饰题材还是在江户时代，从尾形乾山和青木木米所制器物的汉字书法来看，作者是以表现书法艺术为目的，通过笔

日本 9—10 世纪平安时代 鵤寺仓印 方 5.5cm 高 4.9cm

下的书法，表达他们对中国文化的理解。

中国的篆刻艺术传入日本后，最开始作为实用印是在奈良时代，正仓院就收藏有"天皇御空"的印章。至江户时代印章已经被普遍应用，以至于德川幕府在 1789 年规定，浮世绘上必须加盖印章才能出版与出售，可见印章在当时的作用有多重要了。印章的普遍应用孕育了篆刻艺术的产生，出现了诸如西川佑信、西村重长、铃木春信等一批早期的篆刻家，中国的篆刻艺术在日本得到弘扬，而印章被广泛运用到陶瓷器上，还是在江户时代。中国书法中的篆书、隶书、草书、楷书、行书，都可在日本陶瓷的款识上见到。其中以印章形式出现款识中，主要是篆书和楷书，篆款以小篆体和汉印文体居多。在楷书款识上，日本受唐代书法影响很大，尤以颜真卿、柳公权的楷书款识最多，较好的有神乐冈烧的"文山"、岩仓山烧的"岩仓"、古曾部的"古信"等，可以称得上绝非出自凡人手笔。

2. 中国绘画艺术对日本陶瓷文化的影响

唐朝的绘画经日本画家仿效摹绘者，称为"唐绘"，以唐朝的人事和风景为题材，著名的绘画遗品中丰满的美人画都受到唐朝画风的影响。日本的佛像、佛画上使用花纹受中国的影响明显，高松冢的壁画是 7 世纪末或 8 世纪初的作品，壁画中的天象图、四神图及男女物像的装束、服饰等，都深受中国文化的影响。平安后期，产生了摹写日本风土和人物的"大和绘"或"倭绘"。

当"大和绘"走向衰落时，宋元水墨画却风靡一时。奠定日本水墨画的是禅僧如拙及其弟子周文，完善发展则是周文的弟子雪舟。明朝时，雪舟来中国游学，学习中国名画家李在和、张有声的泼墨技法，把中国绘画技法和大和人民感情结合，誉为"古今之画圣"。土佐光信将中国画技法用于大和绘，使大和绘复兴，狩野正信也借鉴中国水墨画技法发展大和绘，其子狩野元信继承父风，集狩野派画风之大成。江户时代，诞生了装饰屏风画和浮世绘版画，出现了俵屋宗达、尾形光琳、铃木春信一批艺术巨匠，为幕府和宫廷服务的狩野、木佐两派御用画，已失去它的生命力，出现深受商人喜爱的色彩华丽的风俗装饰画。菱川师宣开创了"浮世绘"（流行风俗画），以妇女、演员、力士为题材，而以美人画最为著称。浮世绘是德川后期御用画派，以町人生活为题材写实的浮世绘（锦绘、江户绘），创始人为铃木春信，有画美人像著名的喜多川歌麿，特别是风景画的葛饰北斋、风景花鸟画的安藤广重都留下不少名作。

明清时期，中国有不少陶瓷艺术家、经营陶瓷的商人、漆器艺术家、书画家、书籍刻版家、篆刻家、建筑家东渡到日本。其中，清代著名花卉翎毛画家沈铨、青年画家伊孚九的绘画对日本青花、五彩的绘画艺术影响深刻。不少日本瓷器画师为了模仿中国明末清初的瓷器彩绘艺术，专门学习他们的绘画技巧。

由于日本人对灰调子的偏爱，所以中国的水墨画刚刚传入日本，就与日本的这种审美倾向产生了共鸣，并迅速传播。从镰仓到室町时期，水墨画的发展，必然要对陶瓷的装饰产生影响。日本陶瓷绘画装饰多用中国传统的线描勾勒，兼用以擦、染，构图以对角成疏密，表现远近高低的层次，打破焦点透视的限制，其空白处可代天、地、云、水。日本仿明末瓷绘源于《八种画谱》，色彩上可见青山绿水，浅绛花鸟，墨分五色。日本陶瓷绘画既有清初"四王吴恽"风格，也有文人画的孤寂简静、清高潇洒，还有宋元水墨画的含蓄淋漓。透过用笔、色彩与构图，日本陶瓷装饰中的艺术技法已成为他们在瓷绘时的自觉意识了。《八种画谱》《介子园画传》等木刻版画谱随中国的绘画作品一同传入日本。其中的水墨画和南画，对日本美术产生了很大影响。由于许多画家直接参与绘瓷和制瓷，所以日本陶瓷装饰受中国美术影响深刻。而非来源于绘画的部分，则往往是从传入日本的中国陶瓷中获得的。

3. 中国宗教艺术对日本陶瓷文化的影响

日本陶瓷艺术具有浓重的宗教色彩，6世纪时，中国佛教通过朝鲜传入日本后。宋代梁楷的"踊布袋"、牧溪的"睡布袋"等作品传入日本。在1748年日本翻刻中国的《芥子园画传》中，也有布袋和尚的形象，日本画家狩野元信笔下的"月见布袋""骑牛布袋""渡水布袋"，形态颇受人们喜爱。

4. 中国茶具文化对日本陶瓷文化的影响

日本茶具十分讲究，既有特定的使用要求，又有严格的规范标准，包括物品的大小尺度及轻重分量，其审美特性必须符合茶道精神，茶会有一系列与茶道有关的行事，使用茶具的动作也相当规范，讲究在使用并欣赏各种茶具的过程中，建立人与物之间情感交流的通道，并通过感受茶具的物性与物情，领悟天地自然的神韵，达到净化人性的目的。尤其是茶碗与人的接触最为亲近与直接，所以茶碗的选择标准最为严格，讲究也最多。

茶道的盛行，使美浓开始大规模生产茶具，代表性的产品有濑户黑、黄濑户及织部陶器，它们设计美妙、造型多样。日本人还常用木料做成模型到景德镇来订购其所需要的茶器，因而在天启、崇祯的民窑青花瓷中，日本人订购的茶具占了相当的部分。这类器皿，大多是盘、盅、瓶、水罐、钵等，都是快速成型、快速绘制的民间粗杂器，画面多以抒情的山水、花鸟、人物为主。因为必须考虑每天生产的数量，在画的过程中尽量简约、快速，反倒使画面形成了淋漓尽致、挥洒自如、简练概括的独特面貌，很受日本织部茶人的欢迎，写意青花瓷也就随着茶具在日本的瓷

濑户黑茶碗　　　　　　　　　　　濑户黄茶碗

区流行起来。

伴随日本茶文化广泛发展，建窑、吉州窑的黑釉碗盏被当作珍品受到推崇。日本茶人非常喜欢黑釉瓷，并极力仿制黑釉滴的结晶。濑户茶碗就是按照中国方法由辘转拉坯成型。室町和桃山时代匣钵的使用，使陶瓷质量大大提高，铁釉、灰釉作品黑中透褐或色调发黄，天目茶碗、茶罐和四耳茶叶壶极具中国特色。俗称唐物风格的茶罐，黑黄釉有黄褐色、紫褐色、暗褐色之别，桃山至江户初期，黑红色的古濑户釉逐渐增多，出现了铁锈描绘的"志野濑户"，器物品种复杂多样，濑户窑专为武士阶级生产器具，同时也烧制宗教佛器和神道祭器。

三、中国陶瓷对东南亚文化的影响

东南亚在中国明清时期称为南洋，秦汉时期，东南亚就与中国有着密切的政治与商业贸易联系。有关中国与东南亚航线的记载，最早见于《汉书·地理志》："自日南障塞、徐闻、合浦船行可五月，有都元国；又船行可四月，有邑卢没国；又船行可二十余日，有谌离国；步行可十余日，有夫甘都卢国。自夫甘都卢国船行可二月余，有黄支国，民俗略与珠厓相类。"之后，随着"海上丝绸之路"的发展，中国与东南亚的联系日益密切，同时作为交通咽喉，其在中国与西方的贸易文化交流中也扮演着越来越重要的角色。汉代开始，中国产的陶瓷器就随着日常交流被带到东南亚，但这并不是有意的贸易行为。直至唐代，中国陶瓷才开始大规模地进入东南亚诸国，为东南亚当地人的生活提供便利，并与当地人的出生、结婚、死亡等人生大事产生密切联系。宋元时期，中国开启了大航海时代，中国陶瓷输往东南亚达到第二个高峰。明代初年的海禁与朝贡政策，对中国瓷器的外销产生严重影响，中国瓷器的供应不足，使烧造技术成熟的越南陶瓷逐渐在亚洲，尤其是东南亚占有一席之地。明末清初，中国陶瓷的对外贸易迎来黄金时期，中国陶瓷的全面复苏，使越南、泰国等地的陶瓷外销市场日渐缩小，只能为满足当地需求而生产，中国陶瓷重新主导东南亚的市场。中国陶瓷文化在东南亚的传播过程中，与当地的文化、社会习俗、宗教信仰融合，促进了东南亚陶瓷文化的发展。而中国陶瓷在被效仿和学习的同时，也吸收外来文化因子，并以各种形式融入我国悠久的陶瓷发展历程之中。

明代，中国瓷器受到东南亚人们的赞赏和欢迎，成为我国在这一地区的主要出口商品之一。为了适应东南亚人民生活的习惯，中国南方窑场还专门生产了具有南洋风格的瓷器，比较常见的有各式小罐。小罐有圆形、方形、八棱形等，有青花、釉里红和青白瓷，器物比较小，高度通常为7~8厘米，圆形和八棱形为圆唇、圆口，肩部有两个圆形系，用以提手，方形罐为方口、斜肩，肩部有两个或四个泥条做成的长形系。

明晚期 克拉克瓷盘 马来西亚海域"万历号"沉船出水

从随同郑和出航的费信所著的《星槎胜览》、马欢所著的《瀛涯胜览》看，当时的中国瓷器，特别是景德镇青白瓷和青花瓷器在国外很受欢迎，尤其是爪哇"一般国人最喜中国青花瓷"。此时东南亚的一些地区还处在"以物易物"的原始阶段，景德镇瓷器在当地甚至取得了货币的职能。中国瓷器的传入，逐渐代替了原先所用的天然物或陶器，而成为一种新型的食具。明代张燮的《东西洋考》载，加里曼丹文郎马神（马辰）国人"初盛食，以蕉叶为盘，及通中国，乃渐用磁器，又好市华人磁瓮，画龙其外，人死贮瓮中以葬"。此外，加里曼丹土著居民还将瓷瓮作嫁女的妆奁，华瓷可在法庭上当罚款来交纳，还可用于抵押借贷。由此可见，郑和大规模远航贸易以后，中国瓷器已逐渐成为东南亚地区普遍使用的食具。从这一地区大量出土的明代瓷器，也从考古方面证实了这一点。

精美绝伦的瓷器作为摆设品也令人赏心悦目，但东南亚人民对此似乎还感到不满足，他们还从中国进口了大量的瓷珠，用来装饰项圈、手镯、腰带、剑匣、刀鞘之类，《星槎胜览》中"彭坑国"条载"富家子女金圈四五饰于顶发，常人五色珠圈"，"暹罗国"条和"满剌加国"条也都提到烧珠。新加坡莱佛士博物馆收集的来自婆罗洲的中国宋朝瓷珠就是很好的证据。没有任何一种器物能像瓷器这样，与古代东南亚人民的生活发生这么多联系，景德镇陶瓷对东南亚人民生活的影响，虽然只有很少文献记载，但从出土的文物中不难看出其深远的影响。

东南亚一些地理位置比较闭塞的海岛，如菲律宾南部岛屿和印尼加里曼丹部分山区的土著居民，虽然经过文明社会的冲击，但由于地理历史、民族等因素，还留存了原始宗教的某些信仰，如精灵崇拜信仰。在这些地区，中国陶瓷和当地土著原有的信仰结合在一起，使当地人产生一种对中国陶瓷的崇拜观念，中国陶瓷不仅和当地社会的婚、丧、喜、庆等习俗、生活密切联系，而且还居于极为尊崇的地位。中国陶瓷既是他们崇拜的对象，也是一种昂贵的财产，可以作为传家的财富，同时还具有其他多种经济功能。

在当地的巫术仪典上，中国瓷器成为一种高级供品。土著居民认为瓷器漂亮的外观可以媚神，清脆的声音可以通神。如果在宗教仪典上未能使用中国瓷器，男主人的脸上将失去光彩。举行仪典时，巫女们将盛满祭品的瓷碗、瓷碟顶在头上，跳起舞蹈，并用手轻扣头上的瓷器，让它们发出宛如铃铛一般动听的声音，他们相信唯有这样才能请来神灵。美丽的瓷器既可以使前来观礼者得到满足，也给主人带来光彩。

在菲律宾的某些地区，还普遍盛行一种在埋葬死人时，把一些盛有鱼、肉之类食物的陶瓷器皿殉葬入土的风俗，以致中国瓷器有"坟墓里的器皿"之称。除去某些大碟子作为家宝而传下来，以及在山区举行某些仪式时仍作为盛酒用的大缸，在菲律宾出现的所有陶瓷，几乎都是从坟墓里找到的。在卡拉塔甘一处墓葬中，发现了许多小缸分布在尸体头部周围，可能曾经贮藏过某种祭祀用的液体，而在尸体的阴部则覆盖着一个青瓷碟，也许他们相信瓷器具有神圣的保护性，还有杯子、碗、茶托、小壶等许多随葬品，估计是死者下葬前施法使用过的。西班牙统治时代，菲律宾受基督教影响极大，沿海各地区的陶瓷陪葬风俗多被停止，只在一些土著的宗教团体中依然实行，即使在现代的山区举行宗教仪典时，仍有人把瓷碗或瓷碟盛上白饭及其他祭品，并用手轻叩，使瓷器发出清脆的铃声来，他们相信借此可以邀请神明来参加庆典。

在古代加里曼丹、菲律宾等地，瓮还被用以"祖骨崇拜"的"瓮棺葬"，在这里瓮一般用来埋葬婴孩尸体，但也大量在"洗骨葬"中使用。《厦门志·卷八·番市略》就记载说："俗用中国瓷器，好市瓷瓮为棺具。"据凌纯声先生介绍，这种瓮棺葬，在世界分布很广，这种属于"祖骨崇拜"的瓮棺葬源远流长，可能出自我国长江中游的洞庭湖地区。

四、中国陶瓷对西亚文化的影响

秦汉时期，中国就与西亚诸国建立了密切的联系。唐宋时期，随着"海上丝绸之路"的繁荣，中国和阿拉伯国家在政治、经济、文化上的往来更加密切，大批阿拉伯、波斯的穆斯林商人侨居我国东南沿海，甚至建立了"政教合一"的蕃坊和宗教活动场所清真寺，并逐渐"汉化"，把中国文化传播到整个西亚。此时，正是阿拉伯帝国兴盛时期，疆域西濒大西洋，东至中国边陲。初创伊斯兰教的穆罕默德，为鼓励穆斯林寻求友谊，增进知识，曾有"学问，虽远在中国，亦当求之"的训示，表达了对中国文化的渴望。

唐朝时期，东南沿海的广州、泉州、扬州、杭州都是指定的对外贸易港埠，各国商人、传教士、旅行家等从海路、陆路接踵而至，宾客如云，而"诸蕃国之富盛多宝货者，莫如大食国"（南宋周去非《岭外代答》）。宋代通商贸易在唐代的基础上又有了发展，来华侨居的大食人比唐代又增加了许多，他们或与华人杂居，但多数往往自成聚落，居有定处称为蕃坊，集中在广州、泉州，中国政府为照顾他们的生活习惯，还拨出临近江海的地区作为居留地，允许他们与汉人通婚和带家眷来往。这些人有住数十年不归，"家资数千万缗"者，也有在中国娶妻，"官至左班殿直"者。南宋时，还在地方设"蕃学"，"诸蕃子弟皆愿入学"。

元朝建立起一个空前庞大的帝国，版图贯连亚欧两大洲，与世界各民族间交往频繁，阿拉伯人在当时东西方商业贸易中扮演着最为活跃的角色。明清两代，深受阿拉伯人喜爱的景德镇陶瓷，器型多、花面好，大量出口到阿拉伯国家。14世纪摩洛哥大旅行家伊本·拔图塔访问泉州，称泉州为南宋以来"世界最大的港口，港中有大船百余只，小船不可胜数"。又说："中国瓷器仅产于刺桐（泉州）与广府……就销售印度和其他各地，甚至运到我国摩洛哥。"

8世纪，阿拉伯人一方面将固有的地方文化原封不动地保存下来，一方面不断吸收新的文化营养，建立新的文化体系，这里的墓庙建筑、室内装饰、绘画样式为之一变，陶器文化也不例外。中国最早一批名贵瓷器，在 8 世纪末由呼罗珊总督阿里·伊本·伊萨送往巴格达，献给哈里发哈仑·拉希德。据说其中有二十件中国宫廷瓷器，器皿为日常用品碗、杯、盏，伊萨的礼品还有两千件各色瓷器的碗、杯。之后，中国与阿拉伯贸易换货协议中，将瓷器列入专项，从此瓷器便在印度洋、阿拉伯世界走红了，因为瓷器价格昂贵，运到阿拉伯的中国瓷器都被当作珍品收藏。

851 年到过中国的阿拉伯商人苏莱曼，在游记中称赞中国陶瓷特别精美，"瓷盅，晶莹透明如同玻璃，外面隔着器壁竟能看清里面存放的水"。伊斯兰作家塔利在他的《逸闻录》中，对中国瓷器的评述在伊斯兰世界中颇具代表性，"著名的中国瓷器是些透明的器皿，是能煮制食物的罐、煎食物的锅、也能做盛食物的碗。杏黄色的为上品，胎薄、色净、音脆，奶白色的次之"。杏黄色瓷器即唐至五代（九至十世纪），风行于穆斯林世界的长沙铜官窑釉下彩瓷，这种瓷器色泽洁净、鲜艳，为阿拉伯民众所接受，奶白色瓷指中国的白瓷。

从目前所见资料看，伊朗也是收藏中国瓷器很丰富的国家，伊朗是阿拉伯国家古代、中世纪的文化、政治、经济中心，扼住东西方国家陆地、海上的通道，随着

明末 漳州窑青花阿拉伯文大盘

东西方文化交汇，产生了丰富的波斯文化。唐朝的越窑青瓷钵、长沙铜官瓷，宋元的龙泉青瓷、景德镇青花瓷，都曾大量输入伊朗。费信的《星槎胜览》叙述了15世纪波斯湾霍尔木兹的风土人情，记载了这个港口成交的贸易品：五色绢、香料、青花白瓷。除众所周知的德黑兰阿德比尔收藏大量中国瓷器外，马什哈德的伊马、雷萨回教寺院收藏中国瓷器50件，其中21件是明清青花瓷器，例如青花麒麟纹大盘、青花飞鹤纹钵、青花阿拉伯文字钵、青花花草纹盖合、青花花草纹尊式瓶等，纹饰有莲花、龙凤、鱼藻、麒麟、楼阁、鸟鹊、山水、怪石及阿拉伯文字等，有的器物带"富贵佳照""大明正德年制"款，另外这里还出现了广东珐琅彩瓷的盘子和大钵等有人物图案的器物，其中有相当多描金的阿拉伯文字。此外，在伊朗的古窑址、遗址中也出土了不少中国青花瓷，其中最常见的是万历时期被称为芙蓉手的青花盘，也有清代书写阿拉伯文字的碗、盒、水注、盘等。

1453年，作为突厥后裔的奥斯曼土耳其，建国于小西亚半岛，灭东罗马帝国，建都伊斯坦布尔，雄踞西亚，直至16世纪下半叶，才逐告衰落。1478年，苏丹穆罕默德二世兴建了富丽堂皇的托普卡比宫，前后共有25位苏丹在此居住过，这座完全由石块砌成的相当于明代早中期的宫殿，庭院错落，绿树掩映，中土两国的文化相互影响，在托普卡比宫中可见一斑。托普卡比宫的第二道门——吉祥门的门檐下有一组彩画，无论是构图或是着色，都酷似北京故宫或颐和园中的山水彩画。宫中所藏的一幅描绘奥斯曼帝国苏丹穆罕默德二世宴请外国使节的图画，席上使用的餐饮具全部是来自中国的瓷器。

土耳其语中的"中国"和"瓷器"是同一个词cini。托普卡比宫的馆藏中，中国瓷器是其主要的部分，其中最精美的要数景德镇青花瓷。土耳其苏丹及王公大臣们对中国瓷器都非常珍视，苏丹曾强制性地命令商人们把从中国运来的最优美的瓷器一律献给宫殿，使藏品急速增加。土耳其伊斯坦布尔博物馆收藏的向中国订烧的瓷器，其中大部分是元明两代瓷器，宋瓷较少，其余是清代的器物，有的还外加金银装饰并镶嵌宝石。

阿拉伯人善于吸取外来文化，特别是吸取东方文化，并加以发展，他们喜欢用连续一致的线条拼成各种眼花缭乱的图案，其镶嵌艺术的高超使人叹为观止，从中可以看出拜占庭镶嵌艺术对其的影响。从单独的纹样到复杂庞大的建筑装饰，阿拉伯人坚信用连续、间隔、穿插，构图严密、挥洒自如、色彩单纯，以蓝绿色为主的图案，加上回转自如、优美大方的阿拉伯文字，可以表达他们超凡的意念。伊斯兰艺术特别看重书法，这是因为他们认为书写是神的恩赐，用笔是神授给人的主要技术之一。穆罕默德第一次受到"神启"，天使加伯利就传达了"神"曾经教人用笔写字的圣谕。

中国唐朝时期，著名白瓷、青瓷、彩绘瓷及唐三彩，由阿拉伯商人贩往西亚，不仅满足了当地人民的物质、精神需要，还对阿拉伯地区的陶器装饰纹样与技法产

元 青花莲池鸳鸯纹八方梅瓶
土耳其·托普卡比皇宫收藏

生深刻影响。中国的陶瓷装饰纹样图形源于人们对大自然的崇拜，是把这种崇拜意识具体形象化，其对象也多为动植物，也可以说是源于人类原始的宗教意识，随着其原有内涵本质的发展，逐渐发展成为纯粹的审美符号。青花瓷中的云纹、雷纹、龙纹、火焰纹、水波纹较多，有一种行云流水的感觉，配合那曲线的造型，表现出一种和谐、柔和的节奏，令人内心兴起飘逸高超的情趣。景德镇陶瓷大量流入伊斯兰教国家，极大地丰富了阿拉伯的伊斯兰美术，并对阿拉伯人的几何图案装饰艺术产生了启发。

五、中国陶瓷对非洲文化的影响

1. 中国陶瓷对北非文化的影响

中国同非洲的交往最早可以追溯到汉朝时期，据史料记载，那时中国的丝绸等物品就已传到遥远的埃及，汉武帝也曾收到过产自非洲的"花蹄牛"。《洞冥记》卷二："元封三年，大秦国贡花蹄牛。其色驳，高六尺，尾环绕其身，角端有肉，蹄如莲花，善走多力。帝使辇铜石以起望仙宫，迹在石上，皆如花形。"随着陆上丝绸之路和海上丝绸之路的发展，中非交往日益增多，到明朝时达到顶峰。

非洲北部大陆的埃及，作为古代文化发祥地与美索不达米亚并驾齐驱，开罗郊外的福斯塔特，是研究中国瓷器远销不可缺少的重要地方，这里的出土器物很少有完整的，据统计自7—17世纪的中国瓷片共发现有一万二千余件。品类可归纳为，唐代：唐三彩、邢窑白瓷、越窑青瓷、黄褐釉瓷、长沙窑瓷；宋代：龙泉窑青瓷、景德镇青白瓷、德化窑白瓷、定窑白瓷；元代、明代：青瓷、白瓷、青白瓷、褐釉陶瓷、五彩陶瓷。其中景德镇的青白瓷、青花、五彩瓷片占有相当数量，有鳞纹碗、八宝莲纹碗、缠枝牡丹福字碗、缠枝牡丹纹盘等，极富阿拉伯、波斯风格的青花图样，还有极具水墨画意味的蟹纹碗片、狮纹碗片、麒麟纹硫、缠枝葡萄纹碗，或以工细见长，更有中国风情的塔楼纹盘，多为康熙、雍正青花及康熙彩瓷。在开罗也出土了景德镇青花瓷，在埃及其他地方也出土了仿制中国的青瓷和青花瓷。

9—12世纪，福斯塔特是埃及王朝的都城，国王修建了壮丽的宫殿和回教寺院，中国瓷器作为高贵的器皿在宫廷生活中使用。历代景德镇的青花瓷、五彩瓷被埃及法蒂玛王朝（969—1171）、艾优卜朝（1171—1250）、玛母鲁克朝（1250—1517）的苏丹视为珍宝，艾优卜朝的缔造者萨拉丁以搜藏龙泉青瓷闻名，以华瓷馈赠大马士革苏丹努尔丁和威尼斯执政王，欧洲人因此将青瓷赋以萨拉丁的雅号。珍贵的中国瓷器在埃塞俄比亚曾被当作神圣的贮藏物，埃塞俄比亚西北部塔内湖岛中的一座教堂内有一件精致的明代瓷罐，罐中盛放着死于1597年的塞斯·顿吉尔皇帝的内脏。17世纪宫殿遗址中出土了许多中国瓷片，伊亚索皇帝建造的宫殿中，用镶嵌中国瓷片作为壁上装饰。

2. 中国陶瓷对东非文化的影响

中国陶瓷输入东非分为四个阶段，即晚唐五代，南宋末至明初，明成化、弘治正德时期，明嘉靖万历至清康熙年间。长时间的陶瓷输入，使非洲辽阔的东海岸散布着很多中国陶瓷，比如索马里、苏丹、肯尼亚、坦桑尼亚，其中以明、清两代中国的青瓷、青花瓷、白瓷等最多，就器型来说，绝大部分是碗、盘、壶、瓶等。东非出土中国瓷器的遗址约有160处，肯尼亚便有40处以上，坦桑尼亚则有60处。东非发现最早的中国瓷器遗迹是肯尼亚拉木群岛中出土的9世纪越窑瓷，最晚的则是蒙巴萨耶稣堡出土的19世纪中叶的彩瓷。13世纪，基尔瓦苏丹走向繁荣，并逐渐发展成为东非海岸的大宗货物进口的基地。14世纪，中国陶瓷已深入东非居民的家家户户，其中以景德镇青花瓷最多，深入民间，极受欢迎。15世纪东非的基尔瓦，按照中国瓷碗制造大批圈足陶碗，以供应居民的日用需要，如浅腹折沿盘、圈足碗都仿自中国同类瓷器，改变了过去以公用的陶盆集体进餐的习惯。

中国陶瓷在当时还是宫殿不可或缺的装饰材料，桑给巴尔岛以南，马菲群岛中的朱安尼岛的库阿遗址，在宫殿和贵族邸宅中的屋顶下有成排的壁龛供华瓷陈列。在基尔瓦岛的胡苏尼·库布瓦宫殿遗址，出土的一件元代青白瓷玉壶春瓶，产自景德镇。基尔瓦附近松戈·姆纳拉宫殿的墙壁和天花板上，曾用1000多件瓷器作为壁画装饰。

中国陶瓷也是东非人民非常喜爱的日用器皿，在东非的许多地方都出土了中国的瓷片。这里仅将这些地点自北向南简单汇总，索马里：亚丁岛、摩加迪沙、伯贝拉等。肯尼亚：坦夫沃多、帕塔岛、曼达岛、克迪、马林迪、基利菲、姆拉尼、蒙巴萨。坦桑尼亚：奔巴岛、马菲亚岛、基卢瓦、基希瓦尼、桑加卡多岛等。出土的景德镇陶瓷有白瓷、青瓷、青白瓷、青花瓷、青花釉里红等陶瓷。其中索马里出土中国瓷器的地点近三十处，北部集中在泽拉以南索马里、埃塞俄比亚边境上的博腊马地区，南部集中在摩加迪沙以南，此外东端哈丰角也有发现。

中国陶瓷还是东非墓葬，特别是"柱墓"的祭祀品。14—19世纪，从肯尼亚到坦桑尼亚的海岸地带，流行用中国瓷器装饰的石柱作为柱墓外表和墓前大柱，这种以石柱作为墓标的墓葬形式称为"柱墓"，其柱高约3~9米，柱身有方形、六角形、八角形、十角形以及圆锥形和表面带沟槽纹圆锥形等形状，柱头有圆形和尖纽形等式样。因为伊斯兰教义规定穆斯林的葬礼要从俭、从速、不殉葬器物，富有的穆斯林便用精美的中国瓷器装饰墓柱，以表明自己的身份，这种柱墓是东非伊斯兰建筑的显著特点之一。

在东非，中国陶瓷是清真寺理想的供品。帕特岛的邓德瓦一座19世纪的清真寺大殿壁龛上镶嵌着50件华瓷，邓德瓦以西的两座清真寺墙壁上构筑了成排的壁龛，用来放置中国瓷器。肯尼亚塔纳河口的思瓦纳两座大清真寺出土了元、明青瓷和明代景德镇青花瓷，6件14世纪末的青瓷被镶嵌在早期清真寺大殿侧室的圆形屋顶上，一件15世纪的青瓷碗供奉在一座16世纪晚期清真寺七殿壁龛内。在格迪的大清真寺遗址中出土的华瓷残片共有 305 件，其中青瓷 184 件、白瓷 8 件、影青瓷 7 件、青花瓷 75 年、缸胎瓷器 30 件，并有元代釉里红瓷器 1 件。

元代 龙泉窑青釉刻开光人物图六方罐（肯尼亚出土）

中国对外贸易陶瓷欧洲行纪
CHINA'S FOREIGN TRADE CERAMICS EUROPEAN COMMISSION

在中国瓷器进入欧洲以前，西方人从未对这种精美的器物有过丝毫了解。他们日常应用的器皿都以陶器、木器和金属器为主。16 世纪中期，随着葡萄牙人大量从中国带回瓷器，收藏中国瓷器成为欧洲上层贵族的一种风潮。

一、中国陶瓷对意大利陶瓷的影响

11 世纪时，意大利陶器便已驰名于欧洲，但此时的主要陶工为原属阿拉伯的摩尔人以及希腊人。13 世纪，意大利的陶瓷开始独立发展。15 世纪时，罗比亚制造的白釉陶器光泽细腻，并有绿、褐、黄、紫色等，其制品冠绝全欧。同时，阿拉伯人在西班牙瓦梭萨东部的玛略卡岛与玛拉牙玛尼塞等处烧造中国式的陶器，其所用制瓷方法从玛略卡岛传到意大利，开辟了欧洲制瓷历史的新纪元。

1575 年在梅第西公爵的资助下，佛罗伦萨的波波利公园创建了瓷器工厂，由于波斯陶瓷工匠的协助，生产了模仿中国器型的软质瓷器，被称为"梅第西瓷器"，其借鉴意大利玻璃技艺的长处，胎内掺合了玻璃和岩石粉末以及白土、粘土等，但这种瓷器不够纯正，蓝灰色的釉彩比较阴暗，有些像我国秦汉时期的釉色。"梅第西瓷器"的调味瓶及盘、花瓶、细颈瓶、水罐等，一投放市场就受到人们的欢迎，于是梅第西公爵又邀请许多波斯画家和工匠来到佛罗伦萨工作。此外这位公爵还在宫廷内创建了皇家瓷器工场，成功地仿制了中国瓷器，供宫廷生活使用。1627年，比萨城工匠制成了软质瓷青花碗，此后又竭力模仿中国景德镇的青花瓷。

1719年，威尼斯瓷器工匠弗齐在德国技师的援助下创建瓷厂，生产硬质瓷器，产品有餐具、花瓶、瓷塑等，也喜欢用墨、金和各种釉彩描绘中国的风景图案。1720年从维也纳和德累斯顿来的几位瓷器工匠在威尼斯建立了瓷器工厂，生产了硬质的瓷器，它们的样式和图案也都模仿维也纳和迈森，具有中国的艺术风格。1735年，意大利艺术鉴赏家吉诺雷在多西亚创建瓷厂，并且邀请陶瓷化学家旺达黑林到他的工厂工作。多西亚瓷厂的早期产品是模仿景德镇的青花瓷，到1737年，其在佛罗兰斯制出普通瓷器，型制也很容易看出景德镇陶瓷的风格。17世纪末，景德镇生产的青花仙人纹盘，已被18世纪的意大利多西亚仿制得几无差异。

文艺复兴之都佛罗伦萨于1737年设立了意大利第一座硬质瓷器厂。其彩绘装饰受中国青花影响，色彩素雅，其生产的茶壶、碗、茶杯等，明显可以找到景德镇

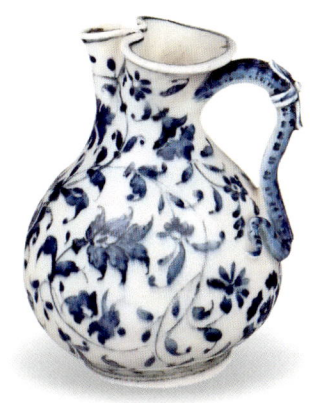

意大利美第奇家族青花瓷仿制品 16世纪末

的痕迹；其烛台、祭坛则深受埃及的影响；其还从法国引进高岭土与制金的技法，装饰一度出现拿破伦帝政时代的特征。基诺里陶瓷融合东西方文化，纹饰图案洋溢着奔放的生命力，表现出意大利人生存即享乐的天性。

二、中国陶瓷对荷兰陶瓷的影响

荷兰是以生产珐琅和玻璃而闻名的国家之一。16世纪末和17世纪初，荷兰的制陶工艺因受到英、法等国的冲击逐渐衰落。17世纪，荷兰吕伐登的制陶业逐渐繁盛起来，其工艺是在陶器胚胎上施以乳白色的化妆土，然后再以天蓝色作绘饰效果，与中国景德镇的青花瓷器颇为相似。提伐登陶器除了日常用品以外，最出色的是陶砖，在国际上颇享有盛誉。意大利人获得中国制瓷方法以后，不久便传到荷兰的德尔夫特。德尔夫特生产初期，所模仿中国风格的纹样，是日本称为"芙蓉手"的装饰形式，装饰风格充满了东方情调。

巴洛克时期，德尔夫特软质锡釉陶的纹样逐渐形成一种被称为"希诺瓦兹里"（中国风格）的样式，这种样式十分接近中国瓷器纹样，以白底蓝彩样为主，近似景德镇青花瓷。装饰纹样多是龙、狮子、凤凰、亭台楼阁仙人、庭院花枝、山水风景等中国青花纹样，人们称之为"中国的形象"。1670年之后，景德镇康熙五彩

丹麦城镇港湾青花瓷盘（荷兰代尔夫特瓷器）

瓷和日本柿右卫门伊万里彩绘瓷器输入欧洲，改变了欧洲人对青花瓷的偏爱，人们的兴趣也随之集中到彩绘瓷器上，于是德尔夫特开始烧制五彩陶器。德尔夫特五彩陶采用锡釉，呈橙黄、紫、黑、绿、红颜色，但红色容易烧掉，因而发明了低温釉技术。其装饰风格摹仿中国瓷画，造型则完全按照欧洲人的生活习惯而生产。可以说，17世纪后半叶，荷兰许多著名陶艺家都以意大利风格和中国风格作为装饰主题，安霍伦便以景德镇康熙青花芙蓉纹、花草纹作为装饰的蓝本。科格则专仿景德镇精细的青花，其创作的青花高颈瓶、带盖水壶、圆盘、茶罐，至今仍有留存。

18世纪，荷兰德尔夫特厂模仿烧造景德镇康熙五彩鹌鹑纹盘，图案没有很大差异，但彩绘技艺稍微逊色，乾隆青花吉祥纹样扁瓶是皇帝赠给欧洲使臣的礼品。德尔夫特仿制极为成功，遗憾的是陶质胎体极轻。但是，德尔夫特的白釉蓝彩陶瓷在欧洲工艺美术史上最大的功绩，就是把中国青花瓷器与欧洲陶瓷、珐琅工艺品有机地结合起来，创造了独特风格，给欧洲人民以新的艺术享受和欣赏。

三、中国陶瓷对法国陶瓷的影响

12世纪，法国的波威烧成白色陶器，从意大利传入了精陶以后，各地制品开始丰富多彩。1512年，玛略卡陶器开始从意大利传入法国，并于1530年前后流行起来，而且各地陶窑都具有相当大的规模，如里昂一个经营药品的商人就要五十多个陶器药瓶。1650年，法国人查尔定看到波斯盛行中国式的釉上描花瓷器，又在南部看到了画有龙凤、麒麟等中国式图案的瓷器，受到很大启发并开办工厂生产。1677年，其于希撒诺制出青花软质瓷，并在圣克鲁特瓷厂开始大量生产。

17世纪，对中国陶瓷极为迷恋的路易十四于1670年，批准在凡尔赛宫设立瓷器试验所，试图生产中国青花风格的建筑壁砖，后来因故解体。法国最早生产瓷器的窑厂有圣克卢、斯特拉斯堡、尚蒂伊、迈努西等，装饰风格几乎都是中国和日本样式，并与欧洲罗可可样式融为一体。

1673 年，法国陶艺家路易·波特拉经路易十四国王的特许，创建仿制中国瓷器的作坊，以后建立陶瓷厂，从事锡釉软质陶生产，仿制荷兰德尔夫特陶器，并把主要精力投入瓷器的研究和试制。1694 年，他终于烧成瓷器，但因在烧制瓷器的过程中长期接触有害物质，两年后去世，没有留下制瓷配方，所以未能推广和生产。根据欧洲制陶技术推断，路易·波特拉制成的瓷器与中国硬质瓷器相去甚远，可能仅仅近似现代欧洲软质瓷。路易·波特拉发展了以鲁昂为代表的独特风格，即沿着盘边装饰一圈纤细优美的从中心向外放射的悬花（剪纸一样）纹样。它是在景德镇陶瓷的青花及彩瓷装的影响下生产的，尤其是构图的格式，就色彩而言，除了白地蓝花类似中国青花瓷的色调处，还有类似鲁昂窑独特的红色纹样配置的网状格式。18 世纪以后，似乎单纯的青花风格要比彩绘更加优美，包含东方趣味的人物、风景的景德镇陶瓷，使鲁昂窑的花边样式转向中国风格的装饰形式。1705 年以后，法国已能仿制中国德化白釉瓷和孔雀绿釉瓷，但温度较低，属软质瓷。

法国官窑 Sevres 瓷器

路易十四末期，因战争耗费了大量资财，政府提倡用釉陶器来代替金银器作为餐具，即使宫廷或贵族的宴会上，也开始使用造型优美、制作工细、装饰豪华的釉陶器皿，促使了法国釉陶工艺的进一步发展，鲁昂、马赛和斯特位斯堡等地釉陶生产盛极一时。

路易十五时期，彩陶受到中产阶级的欢迎，法国的釉陶采用不透明的锡釉，烧成温度较低，质感柔和细腻，常在乳白色的底上描绘各种花卉纹样。而在宫廷或上流社会，为了显示富有和高雅，他们对瓷器更加有兴趣。尽管法国自1769年开始便掌握了硬质瓷烧制的方法，但此时的产品仍然以软瓷为主。

特别值得注意的是法国耶稣会传教士昂特雷科莱，中国名字叫殷弘绪，他在江西传教整整20个春秋，通晓中国语言文学。乾隆年间，殷弘绪被法国耶稣教会派到中国，在景德镇住了七年，汇集了大量有关景德镇的政治、经济、文化等各方面的情报，尤其对景德镇陶瓷生产和市民生活作了详细的记述，特别是掌握了陶瓷制作技法的第一手真实材料。

法国瓷器装饰图案以中国风格为主，著名的维西尼斯工厂建立于1738年，其产品流传到宫殿，引起路易十五和王后的兴趣。1735年，在路易十五和逢巴杜夫人的关怀下，工厂迁移到塞佛雷斯，1768年，在德国匠师皮埃·安东尼的协助下，以高岭土为原料，成功地生产了第一件模仿中国的硬质瓷器。另一个著名的是门尼西工厂，1735年由路易十五时期的一位贵族创办，生产花盆、牛奶罐、咖啡壶、茶壶、水罐、蜡烛台、鼻烟盒、眼镜盒等瓷器，图案有不少是模仿中国的式样，主要是景德镇陶瓷器皿上的图案。1768年，随着里摩日丰富的高岭土的发现，法国陶瓷生产进入快车道。

里摩日瓷窑创建于1771年，曾被冠以"皇室御用窑"的称号。里摩日由于高岭土质地好，纯白无瑕，以及较好的白胎彩绘效果，加上在仿制中国青花瓷时运用

法国里摩日瓷器

的白釉技术，极大地提高了装饰效果。里摩日运用半透明的釉将胎体透雕孔填满，模仿中国的玲珑，最终烧制成著名的"米粒"餐具。青花玲珑是一种釉下青花加玲珑镂雕的综合装饰，它是在坯体上镂雕米粒状小洞，称为"米通"，俗称"玲珑眼"，结合青花纹饰，施釉入窑高温一次烧成。玲珑釉色透明带绿，小孔处透明度强，仿佛开了一个个的小窗户，阳光和灯光可以透过，精巧细腻、清新明朗。

法国香提莉陶瓷古窑对东方彩绘瓷情有独钟，用锡釉代替透明釉，使器皿更具东方韵味，突出的产品有"中国人物瓷像"，音容笑貌栩栩如生。曼尼西瓷窑生产柔和的象牙色调软质瓷，釉色乳白，有着玻璃般的透明光泽，多以东方的花卉、人物来装饰，中国人物像中的人物体态呈现金字塔结构。

四、中国陶瓷对德国陶瓷的影响

德意志陶瓷最初取法罗马，1503年，赫尔谢佛益尔曾到意大利学习玛略卡陶器，归国后在纽纶堡制造各种色釉陶器，深受意大利风格影响。柏林的炼金匠伯特格尔是欧洲陶瓷史上一位杰出的专家，1706年，国王奥古斯修建新的实验室，伯特格尔担任工厂经理，用红黏土成功地模仿中国生产出紫砂陶器，并意外地发现了高岭土，将其加入到陶瓷原料中，烧造出欧洲第一件真正的硬质瓷器。经国王核准，撒克逊皇家瓷器工厂在德累斯顿的迈森建成，18世纪初，迈森瓷器工厂开始大批量生产真正的瓷器，源源不断地供应市场，到1713年，它的产品数量已经相当可观，可以满足邻近莱比锡定期举行的交易会订货的需要。

迈森瓷厂创立初期并没有彩绘的技术力量，后来通过聘请维也纳珐琅彩专家海洛特制出具有"东方情调"的陶瓷。迈森瓷厂的彩绘，以橙色为主调，海洛特设计的人物与建筑搭配全彩纹样，将想象中的中国风景充分表现出来，并运用铜版画的技巧在陶瓷上绘制花草，形成了德国式的洛可可风格。洋葱图案是迈森瓷釉下的图案，是从中国纹饰衍生出来的，主题纹饰是含苞待放的菊花和竹子，边沿是桃子和石榴。这些仿效外来水果的式样，看起来类似欧洲的洋葱，因此误起这个名字，图案被欧洲和日本许多工厂仿制，很少用红色。

迈森瓷厂还按照中国坐式神像的形式制作香炉或小塑像，1760年，普鲁士的弗里德里二世，定制了10件"宝塔"，后被欧洲许多工厂复制。迈森瓷器以仿制景德镇青花瓷而闻名于欧洲。赫罗尔特是迈森杰出的陶艺家，他创作了一批称为"印

迈森为瑞典女王订制的双耳茶具

度花纹"的蔓藤纹样，及以中国样式为范本的花草纹式。另外，清代景德镇的五彩瓷也给予他丰富的营养，他初期的陶瓷彩绘多是白地金色景德镇式中国情调的人物。

1724年，赫罗尔特成功地完成了釉下青花的装饰试制之后，开始专心致力于多彩装饰，并发明了红色、蓝色、土耳其青等彩绘颜色。他的作品常常在陶瓷器物的边缘绘制金色的花纹，中心部分在蓝、黄地色上描绘金、红、绿等色的中国人物。赫罗尔特用笔细腻，色彩鲜艳，具有感人的艺术吸引力。他绘制的陶瓷器皿有大盘、带盖的汤锅，当时欧洲上层社会流行的咖啡具、红茶具等。之后，他的装饰风格逐渐从中国式样发展为欧洲风情，器物的边饰仍是阿拉伯纹样、中国或日本的花草纹样，具有鲜明的时代特征。

德累斯顿瓷厂拥有丰富的高岭土和柴薪资源，它既拥有了先进的技术，又有才华横溢的艺术家，以东方纤细优美图案为蓝本，具有洛可可艺术风格，人物描绘细致入微，常在花瓶上绘制田园嬉戏的男女，有许多传世精品，透空镂雕受中国陶瓷影响明显，具有女性化的特征。布欣、华托、佛拉哥纳尔等著名洛可可风格的名画被应用于陶瓷装饰。18世纪，德国的哈瑙瓷厂，仿照景德镇万历年间青花禽鸟纹盘，所烧制的作品，大小与原件相同，纹样与青花色泽略有差异，但装饰风格完全一致。柏林瓷厂的雕塑瓷题材主要为中国人像，尤其是寓言故事、神话故事中的小孩，大型陶瓷的彩绘装饰及瓷板画，其丰富的色彩受到中国彩绘的影响，线条致密，色彩和谐。

五、中国陶瓷对英国陶瓷的影响

14世纪时，英国已经有了陶器，至16世纪，随着荷兰制瓷工艺的传入，其陶瓷更加发达。从荷兰和意大利传到英国的低温锡釉陶器在伦敦的兰姆伯思生产，工厂有不少意大利的工匠，兰姆伯思被称为英国的德尔夫特，工匠从中国的青花瓷器中汲取艺术营养，虽然尽力想模仿中国的瓷器，但是他们根本不知道中国瓷器中含有高岭土，故不能生产出真正的瓷器。

1674年后，陶器盛行于利物浦。1730年，英国创办切尔西瓷厂，1735年创建都柏林瓷厂，1744年创办"弓"瓷厂。1745年，切尔西瓷厂成功烧制硬质瓷，切尔西瓷厂使用从美国进口的瓷土，生产瓷塑雕塑、小玩具、花瓶、餐具等，有的模仿洛可可风格，有的模仿银器造型。1744年，都柏林瓷厂仿烧中国青花瓷器。1748年，"弓"瓷厂也制成硬质瓷。

1750年，康瓦尔发现优质瓷土，使布里斯托尔和普利茅斯更具有制造优质硬瓷的条件，其从此开始仿造中国建窑烧瓷。切尔西的咖啡壶和茶具都装饰了东方的茶树与草莓，由迈森瓷厂传过来的柿右卫门花卉、人物、风景的装饰图案在切尔西的白瓷上得以生动表现，这是法国绘画大师瓦特的手法，而充满幻想的中国人物，也出现在切尔西的陶瓷上。

1760年，英国设立新广州瓷厂，有工匠300人，制瓷的设备皆从广州订做，产品型制和图案完全摹仿中国瓷器的风格，此后罗斯托夫特逐渐成为英国制瓷中心。英国率先取得工业革命的成功，中产阶级财富增加、数量增加，带动了陶瓷业的发展。英国人不追求名牌，只要是品质优良、格调高雅的瓷器都很受欢迎。另外还有德尔贝瓷厂、伍尔西斯特尔瓷厂，产品模仿中国青花瓷器的图案，但用先进的贴花

英国仿青花矾红描金花卉纹盘

工艺，提高了工效，而且保证了永不掉色，在瓷器的底部也模仿中国瓷器的款式，印上英文字母，并注明产品的设计者。

1750年，伦敦著名的"弓"瓷器工厂成功地生产出瓷塑产品，如"贝壳""黑人和篮子"等，以及模仿景德镇青花瓷的各种器型，如碗、瓶、壶等，并大量生产茶杯、咖啡杯、调味瓶等，其产品还出口到美国。其纹饰主要为模仿景德镇青花瓷器上带有独特中国艺术风格的图案，如亭台楼阁、小桥流水、菊花柳树等。18世纪，伯窑是英国规模最大的瓷窑，不仅受德尔夫特影响，更受中国影响，中国的"胭脂红"和釉下蓝彩成为它主要的装饰风格，德化白瓷雕塑也对它的陶瓷浮雕影响深刻。伯窑的人物与动物瓷雕纯朴悦人，选择厨师、音乐师、传教士与修女等大众化人物。雕塑的基台装饰具有洛可可艺术风格，但釉料厚重，细节和轮廓模糊，具有朴拙风貌，伯窑的窑房因仿效广东而称为"新广东"。

1793年，英国使节马嘎尔尼远航来到中国，除通商贸易之外，还有一项特殊的使命，就是请求清政府帮助英国建立一个瓷器工厂，并且把原料包括黏土、高岭土、釉料出口到英国。当然，一贯谨慎保守手工艺技术机密的清政府拒绝了这一请求。泥浆堆花浮雕是受到中国瓷器启迪的一种工艺方法，其用白泥浆覆盖彩色的器面，以致整个器面色泽出现精美浓淡变化的效果。19世纪60年代，这种工艺由索伦在塞弗尔发明；1871年由索伦带到英国；19世纪末，迈森和柏林使这种工艺圆满成熟。

六、中国陶瓷对欧洲其他国家陶瓷的影响

1718年，奥地利在德国人斯托兹尔和亨格尔协助下创办维也纳瓷厂，成为继德国之后欧洲第二个生产真正硬质瓷器的国家，其制造的彩釉瓷器，描绘有美丽的花卉和风景等图案，1790年以后，陶瓷盛行于波希米亚。德国迈森瓷厂的窑炉技师斯托兹尔来到维也纳后，帮助奥地利建筑窑炉，烧制硬质瓷，和迈森瓷一样，其瓷面装饰着东方的花卉图案，釉彩大多为黑、红色等，还有时髦的中国人物瓷雕。

初期，维也纳陶瓷大都模仿中国和日本的造型和纹饰，称为东方情调，以后又从洛可可发展到新古典主义风格。装饰图案有：寓言故事中的场景及游手好闲的男子、尊贵端庄的妇女、天真无邪的天使、顽皮的邱比特、朴质的农夫、街头乐师、军队士兵，具有广泛的社会性。在维也纳瓷器图画中，本应为洛可可式的求爱主题，却以中国的绘画形式表现。1744 年，王后德莉莎购买了维也纳瓷厂产品，上面装饰着洛可可艺术风格的花卉、水果等图案。18 世纪中叶，维也纳正式成立了皇家瓷器工厂，主要生产餐具、咖啡具等，并成立了美术学校，传授瓷器的设计和彩绘。

1775 年，丹麦皇后茱莉安·玛莉创立丹麦皇家瓷器厂，后更名为皇家哥本哈根瓷器厂。在瓷器图案与风格上，最初受中国瓷器风格影响，制作出了第一个"唐草"系列，之后逐步探索出了自己的风格。1790 年，皇家哥本哈根创作出了迄今为止最著名、最具特色的"丹麦之花"系列。

皇家哥本哈根瓷厂的"丹麦之花"瓷器

广州十三行对外贸易陶瓷历史
HISTORY OF GUANGZHOU THIRTEEN FACTORIES FOREIGN TRADE CERAMICS

一、十三行对外贸易的历史前奏

广州一直是中国海上丝绸之路的重要港口。秦时广州就有发达的造船业。汉代陆贾出使南越国,在广州江岸边修筑一座小城,称为"泥城",不久便发展成为一个规模颇大的航运码头。两晋南北朝时期,更为出名的是西来初地码头,它不但迎来世界各地的商贾,也造就了一桩因缘,印度高僧达摩禅师东渡在此登岸,成为中国佛教禅宗开山始祖,因而千古流传。唐宋时期海上贸易的兴盛,促成广州码头形成外港、内港,其中外港码头以香港屯门和黄埔波罗庙为主,内港以光塔和兰湖码头为要,吸引大批胡商藩贾聚集广州。为了管理海上贸易,从唐代开始在广州设立市舶司;到了宋代,各通商口岸的市舶司以广州最为重要,南洋一带海外贸易统归广州市舶司管理。到了明代,尤其是嘉靖年间泉州、宁波市舶司被撤销后,广州成为当时全国唯一的对外通商口岸,其地位更显重要。

16世纪,欧洲开始从封建社会向资本主义社会过渡,基于对财富的疯狂追求使一批批冒险家探索到达东方的新航线。葡萄牙是最先到达中国的西方殖民者，其通商贸易被明廷拒绝后，先后以武力攻占屯门、双屿岛等地，进行走私。之后，明廷几次动用武力，将葡萄牙驱逐出境。嘉靖三十二年（1553），一支葡萄牙武装船队到达中国，谎称"舟触风涛，水湿贡物"，请求借澳门进行晾晒。在收受巨额贿赂的当地官员帮助下，葡萄牙人最终进入澳门。最终，他们以每年向明廷交税二万两白银、地租五百两白银的条件租借澳门为居住区。从此，葡萄牙人一直占据澳门，并开展对中国的贸易。这可以作为东西方贸易的一个发端。以澳门为贸易起点，葡萄牙人先后开通了一系列通往亚、欧、美洲各地的航线。澳门输出的货物主要来自广州，而澳门输入的货物也主要运到广州后辐散全国。

明代对外贸易仍然习用唐、宋以来的市舶制度，市舶司隶属广东布政司领导。根据《明史·职官》记载，市舶司"掌海外诸藩朝贡、市易之事"。牙行为市舶司的下设机构，负责评估货物价格，介绍交易，并协助政府管理外商以及征税，具有半商半官的性质。

明朝广州中外贸易集市的地点主要集中在今天广州荔湾区十八甫路一带。外国商人乘坐带着货物的商船由澳门出发，在这里上岸与中国牙行的商人进行贸易。为了便于集中管理与接待外国商人，明廷专门建设"怀远驿"，供外商与贡使贸易和居住。"怀远驿"有驿臣一人，负责管理与接待，房屋120间，至今广州十八甫路

广州十三行街景

还有一条名为"怀远驿"的街。明代禁海时期的主要贸易形式是贡舶贸易，商舶贸易被视为走私。所谓贡舶贸易就是以"朝贡"和"回赠"形式进行的一种特殊贸易，其主要目的是满足皇帝寻求奇珍异宝以及增加国家税收的需要。"朝贡"贸易双方的政治地位是极为不平等的，外国商人想要向明廷"进贡"，首先要向明廷称臣，明廷根据国家的不同，规定其"进贡"一年一次或者三年一次，甚至八年一次。外国贡船首先在澳门等泊口停泊，经市舶司验实，办理各种手续，然后将船货运到广州，在怀远驿居住，贡使由市舶官员陪同押解贡品进京，朝贡完后，由皇帝回赠贵重物品取道广州回国。随贡船而来的商人，与中国商人在怀远驿交易。进贡国及商人出于经济目的，通过"贡舶"贸易获得较高的利润，一方面，明朝政府为了"怀柔远人"往往以高于进贡货物价值回赠给进贡国商人；另一方面，随贡船而来的货物可以获受各种免税的优惠。

明朝禁海、开海政策经常反复，但广州市舶司作为中外文化的交流门户，一直未被裁撤。至清代，康熙二十四年(1685)，清政府宣布废除明朝以来的禁海令，设立粤、闽、江、浙四大海关。从此掀开了广州对外贸易史上辉煌的一页，继而出现了垄断中国对外贸易的广州洋行(即广州十三行)洋商。关于广州十三行这个命名的来由，有认为是以洋行行商有十三个而得名的，亦有认为是广东经营商业的三十六行中之十三个行等。但得到学者们普遍认同的说法是按《粤海关志》记述：

位于广州五仙门的粤海关办公楼

"国朝（清朝）设关之初，番舶入市者仅二十余柁，至则劳以牛酒，令牙行主之，沿明之习，命曰'十三行'。"因此，作为清代广州对外贸易机构的统称，并不反映确切的"洋行"数目。广州十三行商是中国对外贸易的形式从贡舶贸易转变为通商贸易的历史产物，他们是以半官半商的体制运作的，广州十三行商的兴衰，见证了自恃"天朝物产丰富"而实行闭关锁国政策的封建帝国，与正处于资产阶级变革时期的西方各国在政治、经济、文化上的一次次激烈的交锋和撞击。

二、十三行对外贸易的形成与发展

清代初期，海禁并不十分严厉，只是禁止私自出海，还可建造双桅船。顺治八年(1651)占据澳门的葡萄牙人向清朝政府投诚，愿归顺清王朝。广东巡抚李栖凤的一份奏折提到：葡萄牙人在澳门从事贸易，可筹集到兵饷，这已有百余年的历史了，如今广东战事已平息，葡萄牙人亦向朝廷投诚归顺，这都是洋人臣服皇帝的德威，愿做清朝的臣民。清政府接受了澳门葡萄牙人的投诚，并依照明朝旧例继续允许葡萄牙人在澳门从事贸易。清朝政府恢复葡萄牙人在澳门的贸易后，荷兰商船于顺治十年(1653)来到广州，停泊在虎门外，通过盐课提举白万举等人游说平南王尚可喜，以贸易有利于财税收入为由，促使平南王尚可喜同意在市舶驿馆怀远驿从事贸易。

从顺治十三年（1656）开始，直至康熙二十年(1681)，清朝政府为了巩固其统治地位，统一台湾，平定"三藩"，推行海禁政策，并先后三次实行大规模的迁界禁海，界外地区不准居住，使不少沿海贸易口岸变成一片废墟。澳门虽作为"化外之区"得以免迁，但也失去了明代末年兴盛的景象。在清初海禁时期，由官府组织的走私贸易从未停止过，统治广东的尚可喜、尚之信父子专门组织一批"王商"，从事对外贸易走私。当时，海禁甚严，一般商人不得通澳，而王商们却只手遮天，且资本雄厚，精通商务。广东王府贸易总管沈上达还组织庞大船队，直接到南洋各地从事贸易。康熙十七年(1678)，清朝政府恢复广东与澳门的陆路贸易，使澳门港市有所恢复。虽然内地与澳门的水路贸易仍被禁止，但有官府作后台的商人从水路直接从事贸易日渐增多，当时澳门附近的十字门就是走私商船汇集贸易的据点。不少商人乘驾大船前往十字门海面与夷人私相交易。

清政府统一台湾，平定"三藩"之后，康熙二十二年(1683)农历六月初五，康熙皇帝发出谕令："海洋贸易实有益于生民，但创收税课若不定例，恐为商贾累"。当年农历七月十一日，康熙皇帝主持召开内阁大臣会议，正式讨论并做出开海贸易、设立海关的决定。康熙二十四年(1685)，清政府正式宣布废除禁海政策，设粤、闽、浙、江四海关。这标志着自唐代以来，中国对外贸易一千多年的市舶制度的终结和中国海关制度的创始。海关制度与市舶制度的最大区别是，市舶制度是以"朝贡贸易"为主要特征，即各国商人随贡使到广州，贡使将贡物献给中国皇帝，商人将货物交与市舶司，在"市舶馆地"临时招商发卖，并无专设的买卖机构。到了明末，开始在市舶司下设立牙行，由牙行负责买卖。海关制度建立之后，对外贸易机构与对外贸易管理机构正式分离。中国海禁的解除，给西方国家带来了机遇。随着葡萄牙与西班牙垄断东亚贸易的时代结束，荷兰、法国、英国、美国等西方国家相继派商船来到中国进行贸易。

早在1595年，荷兰人就开始在南洋一带进行贸易活动，并建立了一些殖民地。在南洋，荷兰人也与中国到南洋的贸易商人打交道，贩卖中国货，且获利不少。中国市场巨大的吸引力，使荷兰人强烈希望能直接与中国通商，但由于在澳门的葡萄牙人阻挠，在明代，荷兰人一直未能取得在广州的贸易资格，而在清初其使团到广州后，也只是获得"八年一贡"的贸易许可。到了康熙时期，荷兰人始终没有放弃寻求在广州贸易的努力。康熙十七年(1678)，荷兰人为取得清廷许可其在广州的贸易，曾派船支持清军收复台湾，到了康熙二十四年(1685)，清朝政府开海贸易之后，荷兰成为优先允许与中国通商的国家之一。雍正五年(1727)，荷兰正式在广州设立商馆，又称为集义行，从此正式在广州直接与中国开展通商贸易，专门贩运丝、茶、瓷等欧洲市场紧俏的中国货。

法国早期对华关系主要在宗教方面，明末清初已有法国传教士踏足中国。康熙二十四年(1685)，当清廷宣布开海贸易的同时，曾公开致函欧洲各国耶稣会，希望他们派遣擅长天文学、医学、光学的传教士来华。当时天文学较为发达的法国，在1685年派遣传教团前来中国，由教士洪若翰为团长、白晋等为团员。康熙皇帝为了答谢法国国王路易十四，派白晋返回法国，并希望有更多的传教士来华。于是康熙三十七年(1698)，路易十四委派"安绯得里底号"船主洛克为使者，及一批耶稣会传教士随同白晋乘"安绯得里底号"来华。康熙三十八年(1699)，"安绯得里底号"初航到达广州，开始了对中国的贸易。为了欢迎法国商船及路易十四的使者，粤海关对法船应纳的关税予以豁免，以示优待，并允许法国人于广州设立商馆。

英国对广东贸易的梦想，始于17世纪30年代明朝末期。当时西方殖民主义在东亚的殖民形势发生变化，葡萄牙开始衰落，代之而起的是荷兰和英国。1635年，为了与荷兰抗衡，葡萄牙主动授予英国东印度公司在其远东殖民地进行贸易的权利。但是，由于英国商人不愿听从葡萄牙人的摆布，而这时刚好葡印总督调任，新任葡萄牙驻印度总督比洛·达·西里瓦十分恼怒，下令所有葡属远东殖民地不许与英国人进行贸易。1636年6月，英国远东船队到了澳门，葡萄牙人不许英国人登陆，于是英国商人迫不及待地命令船队直闯广州。中国官兵被迫开炮阻止其前进，英国船队开炮还击，并很快攻陷了中国炮台。接着，英国船队派出3名谈判者由一个被俘渔民带路，到广州与中国官员交涉，要求通商。派出去的3名代表暗中行贿广东总兵陈谦，请求陈谦庇护英商在广州的贸易，但陈谦受贿的事很快败露，被弹劾下狱，3名行贿的英国谈判者及带去的货物也一起被扣留。这时，英国船队决定用武力迫使中国屈服。1637年9月，英国人占领了虎门市镇和虎门炮台。两广总督张镜心不为所屈，调集军队准备和英国人大干一场。后经澳门葡萄牙人调解，广州当

英国东印度公司

局释放3个英国人并发还他们的货物,但声明英国人永远不得在中国海面出现。康熙五十五年(1716)后,英国东印度公司的船只相继到达广州,垄断中国贸易的东印度公司要求3艘船的大班成立一个特别委员会,共同协调自己的内部问题和应付向中国海关送礼及与中国人交易的其他事项。这一年,英国商人根据东印度公司指令,在广州十三行正式开设商馆,作为对华活动的基地。英国广州商馆的建立,是中英贸易进入新时期的标志,在随后的100多年间,中英贸易一直在广州十三行的对外贸易中占据着重要地位。

瑞典"腓特烈国王号"第一次到达广州,标志着中瑞贸易的开始。瑞典东印度公司组建于1731年6月14日。"腓特烈国王号"是1732年3月7日从哥德堡起航的,船上的大班叫柯林坎贝尔(Colin Campbell),瑞典国王还任命他为派往中华帝国的全权代表。坎贝尔原是苏格兰商人,曾加入英国东印度公司,数次到过广州,具有在广州从事贸易的经验,对前往亚洲的航线也较熟悉,瑞典东印度公司选择他担任首航广州的商船大班,负责贸易方面事宜,可谓任人得当。"腓特烈国王号"在离开哥德堡之后,前往西班牙加的斯(Cadiz),将在英国购买的船货在此交卸,以换取同中国贸易的白银。4月17日,离开加的斯前往加那利群岛。之后穿过大西洋,绕过好望角,9月6日到达珠江口的伶仃岛。坎贝尔到达广州之后,筹措与行商签订买卖合同,并向他租赁地方开设了瑞典商馆。坎贝尔为日后长期贸易打下良好的基础，向10多个行商订购了货物，为日后选择较稳定的合作伙伴做准备。"腓特烈国王号"在广州逗留了4个月，采购的货计有151箱和1801捆瓷器，共计49906件；红绿茶共2183箱，另有100件半箱装、6件小箱装、23件篮装、46件筒装以及422件罐装或盒装茶叶；以及丝织品23355件，棉织品633件。此外，还有青漆家具、白铜、珍珠母、人参、墙纸、朱砂、桌布、纽扣、藤索等杂货。1733年1月16日，"腓特烈国王号"从广州返航，9月7日回到瑞典的哥德堡，完成了首次往返于瑞典与中国之间的航行。乾隆十年(1745)来往于瑞典与广州之间的瑞典东印度公司商船"哥德堡号"，在广州满载着中国的茶叶、丝绸、陶瓷等货物返航，于9月12日在瑞典西岸哥德堡港口外约三公里的地方触礁沉没。"哥德堡号"是瑞典东印度公司所有船只中的第二大船，船长42米，排水量833吨，船上装有30门大炮，下水时间是1737年，来往于哥德堡与广州三次。"哥德堡号"沉没后，船员全部获救。船上的货物经过几次打捞，仍有约2/3沉于海底。

乾隆四十九年(1784)，刚刚结束独立战争的美国商人便组建"中国皇后号"首航广州，首航计划迅速获得美国政府的支持。"中国皇后号"载着40多吨货物，由纽约港出发，穿过大西洋，绕道好望角，经印度洋于8月23日到达澳门，再溯江而上，28日到达广州。美国"中国皇后号"的到达，标志着中美直接贸易的开始，亦标志广州与世界的海上运输大循环的形成。"中国皇后号"载来的货物有棉花、铅、胡椒、羽纱、皮货、人参等。该船于12月28日启程回国，回程的货物有红茶、绿茶、棉布、瓷器、丝织品、肉桂等。"中国皇后号"的到来，没有受到清朝政府的阻拦，并且得到其他国家商人的宽容。1786年，美国国会任命山茂召为驻广州领事，并制定了许多有利贸易的政策，很快，美国在广州贸易的地位仅次于英国位居第二。

开海贸易，给广州十三行带来了空前的发展，欧洲各国商人接踵而至，纷纷在十三行建立商馆。由于欧洲商人在礼部贡典中无名，因此他们只能居住在洋行商人的行栈。于是广州洋行商人为图利，纷纷在城西的珠江边被称为"十三行"的地方修建"夷馆"，供外国商人居住。对广州清代夷馆，斯当东 (1793 年马戛尔尼率领的英国政府代表团对清廷访问期间任副特使) 在他所著的《英使谒见乾隆记》一书中作这样的描写："作为一个海港和边境重镇的广州，显然有很多华洋杂处的特色。欧洲各国在城外江边建立了一排他们的洋行。华丽的西式建筑上面悬挂着各国国旗，同对面中国建筑相映，增添了许多特殊风趣。货船到港的时候，这一带外国人熙熙攘攘，各穿着不同服装，操着不同语言，表面上使人看不出这块地方究竟是属于哪个国家的。"按照英国传教士马礼逊 1832 年的记载，夷馆从东到西排列为：小溪行 (或称怡和行)、荷兰行 (或称集义行)、英国行 (或称宝和行)、周周行 (或称丰泰行)、老英行 (或称隆顺行)、瑞典行 (或称瑞行)、帝国行 (或称子鹰行)、宝顺行、美洲行 (或称广元行)、明官行 (或称中和行)、法兰西行、西班牙行、丹麦行 (或称得兴行)。

18 世纪，西欧各国先后开展了资产阶级革命，加紧了对世界各地的殖民掠夺和资本的原始积累。自康熙二十四年 (1685) 开海贸易之后，不少中国人乘出洋贸易机会到南洋各国谋生，清朝政府认为这有失国体。乾隆七年 (1742)，朝廷为是否禁止海洋贸易展开了争论，乾隆皇帝认为必须进一步了解禁止中国商贩在南洋沿海贸易，对沿海商民的生计有无影响，所以要求闽、浙、江、广各督抚详查议奏。两广总督庆复就此事向乾隆皇帝详细报告了禁止南洋贸易将给广东沿海经济带来的影响，其奏报是这样的：广东沿海商民，向来都与南洋各国通商，而且家族中都有人口在南洋各国谋生。如果禁止南洋贸易，则广东沿海商船失业，且亦减少了内地土产的出口量，对人民的衣食生计确实影响太大。最后朝廷同意继续开展海洋贸易。清朝政府一方面希望通过海洋贸易增加国家税饷，另一方面又惧怕海洋贸易带来各种负面影响，直接威胁和动摇清朝社会的封建体制，正是在这种心态下，最终促成清政府作出"一口通商"的决策。朝廷开始争论是否禁止海洋贸易的同时,英国东印度公司则作出决定,进一步扩大中国市场,直接到蚕丝、茶叶生产基地闽、浙地区进行贸易。由于担心外国势力进入"华夏文明礼教之乡",会影响清朝的统治。因此,乾隆下令增加浙海关一倍税收,但实际效果不大。乾隆二十二年(1757)十一月,乾隆下达谕旨,宣布撤消原设的沿海各关,仅留广东的粤海关一口对外通商。从此中国只剩下广州一处对外通商的口岸。

一口通商,使广州成为中国唯一的对外贸易城市,中国与西方各国的全部贸易都汇集于此。从广州出口的中国商品,主要是茶叶、陶瓷、丝绸和土布;进口的外国商品主要是毛织品、棉花、金属、香料等。一口通商的政策客观上对广州的城市化进程产生了极大的影响。按照清政府的定例,外国商人未经批准是不能进入广州城的,中外贸易只能在指定的城西关十三行街区一带进行。于是各地的富商大贾干脆在广州城西下西关一带夷馆的附近买地建起豪宅,广州著名的中西合璧的西关大屋便是这一时期的典型建筑。加上城西一带河网交错,有风景秀丽的荔枝湾,朱楼画榭,歌舞升平,是富商大贾的游乐场所。正因西关这一弹丸之地汇聚了外来文化、商贾文化、市井文化,为广州的城市化进程奠定了深厚的文化基础,同时对今天广

1929年广州沙面岛英法租界

州市成为中国改革开放的窗口也产生深远的影响。从一口通商到1842年鸦片战争结束的85年，广州的对外贸易一直高速发展，粤海关带来的税收也成为清政府的重要收入来源。

三、十三行对外贸易的历史演变

18世纪中叶以后，中国与英国之间的贸易发展进入快车道，英国成为中国最大的贸易国。但英国一直处于贸易逆差的地位。为此，英国每年需运送大量白银到中国，以抵消逆差。乾隆三十八年(1773)，英国占领了鸦片产地孟加拉。英国商人发现鸦片是"奇货可居"，本小而利大，于是确立鸦片贸易政策，以扭转对华贸易逆差的被动局面。英属印度政府于1773年给予英国东印度公司独占鸦片专卖权，从这一年开始，英国输入中国的鸦片数量迅速增加。至19世纪初，每年输入鸦片4000箱以上。由此，英国对华贸易的比重越来越大，中国大量白银倒流出去。

嘉庆二十四年(1819)9月，澳门总督欧布基致函英商大班，提出英商在中国出售鸦片，可以澳门为基地，要与英商同分利益。欧布基在信中说，由于中国增加了税金，须通过鸦片贸易来弥补损失，而鸦片贸易的利益要相互瓜分。对澳葡当局的这一鸦片贸易计划，英国没有接纳，因为英国为独揽鸦片贸易的利益，已决定将鸦片船停泊在黄埔或伶仃洋，伶仃洋从此成为各国鸦片货船的驻扎地。

1842年中英《南京条约》的签订，实行了100多年的行商制度被废除，而广州"一口通商"的局面也宣告结束。为扩充在中国的贸易基地，英国人要求在广州开辟新的通商码头。英国商人认识到，鸦片战争结束后，随之而来的商贸必然迅速扩展，而十三行地区除了传统的优势，这里码头水位浅，大货船无法停泊，必须在黄埔港卸货后用小船运进来，非常繁琐，更增加商业成本，而且小船泊岸增多，泊位不足。因此，英国商人企图在继续经营十三行地区的同时，积极寻找新的租地。广州黄埔长洲岛是待开发的深水港，英方要求开辟为通商码头，但被清政府拒绝。

道光二十三年(1843)，广州恢复开放对外贸易，成为"五口通商"最先开放

1842年《南京条约》签订场景

的口岸。这一年，粤海关征收税款118万两。两年之间，中国清朝政府在英、法、美等国的坚船利炮威迫下，签下了一系列耻辱的不平等条约。最终，广州作为对外开放的五口之一，允许英人贸易通商，派驻领事，设立领事馆，管理英国商贾事宜，并取得治外法权（即领事裁判权），允许英人在广州租地建房，永久居留。道光二十四年(1844)1月，美国政府派出特使加勒·顾盛到中国澳门，同护理两广总督程矞采交涉，向中国皇帝呈递国书，要求得到与英国一样的"最惠国待遇"。加勒·顾盛是在三艘美国炮船的护送下来华的，美国也模仿英国经验，以炮舰威胁作为通商要求的后盾。清政府只得派钦差大臣耆英到广州，同美国特使谈判，承认美国在中国享有和英国完全一样的特权，并于5月在澳门附近的望厦村签订条约，史称中美《望厦条约》。6月，法国也派遣特使剌萼尼带上兵船7只到达澳门，与耆英会晤，经过谈判，签订了《黄埔条约》。法国除获得与英、美两国同样的好处外，还得到天主教可以在中国传播的独特允诺。同年7月，英、法、美三国在上海自行公布《英法美租界地皮章程》共14款；12月，在广州，英、美两国驻粤海军也发布同样的土地章程公告。

五口通商后，十三行仍然是外侨商人最多最集中的地方，不仅原有的老洋行恢复了经营，新洋行也相继建立，以致一时洋行林立，十分兴旺，使之继续成为中国最大的进出口贸易基地。

道光二十六年 (1846) 7 月 8 日，英商金顿·丘奇在十三行靖远街无故追打中国小贩，并将小贩拘禁在中和行内，广州市民忍无可忍，围攻商行。随即大批英兵前来镇压，制造了死 3 人伤 6 人的惨剧。金顿事件后，英国政府以保护英商为由，禁止中国船只在广州十三行外国商馆前的江面停泊，还派一艘兵船在这一带游弋。后来，英国还在十三行地区驻扎军队，各国商馆甚至成立武装卫队。咸丰六年 (1856) 10 月，英法联军发动第二次鸦片战争。沿江炮台均被攻破，英海军驻扎十三行地区。英海军为便于防守，阻止中国军民对外国商馆的袭击，居然拆毁了十三行地区周围大片民房，留下一片空地作为天然屏障，并派兵扼守西边新豆栏街。愤怒的广州民众在被拆毁的铺屋残址上点火，火势迅速蔓延至十三行地区。十三行地区的房屋几乎全部被焚毁。由于失去了据点，英军撤回到泊于珠江的军舰上。

咸丰七年 (1857)，英法军队发动广州攻城战。1 月 12 日，英军从西濠登陆，放火焚毁十三行商馆区东西沿江一带的洋行和数千民房，以此对广州民众烧毁十三行外国商馆进行报复。8 月，英军开始封锁广州和珠江。11 月上旬，英法联军占据了广州城对岸的河南西部地区，完成了对广州的包围。12 月 12 日，英法联军向两广总督叶名琛发出通牒，要求准许外国人进入广州城，修改条约，赔偿损失。26 日，英法联军向叶名琛发出最后通牒，限 24 小时内答复提出的条件。28 日，英法联军由小北门附近越墙入城，占领了观音山 (越秀山) 及城外所有炮台，广州沦陷。英法联军占领广州城后，大肆劫掠，抢去藩库银 22 万多两，铜钱共重 9 吨，总督署中尚存的一切财物及商店民居均遭洗劫。咸丰八年 (1858)，英法两国成立了一个由两名英国人、一名法国人组成的委员会管理广州，委员会驻在广东巡抚衙门，负责控制广东巡抚衙门的一切日常事务。广东巡抚成了一个傀儡政权。在第二次鸦片战争中，清政府被迫订立了包括《天津条约》《北京条约》《中英通商章程善后条约》等一系列不平等条约，中国的主权进一步丧失，外国兵船可进入各通商口岸，

1858年《中英天津条约》签订场景

鸦片贸易合法化,中国海关由英国人操控。

第二次鸦片战争后,由于十三行地区被焚,且地方狭窄,不能满足外国商人进一步的通商需要,英法两国开始重新选择新的商馆区。咸丰九年(1859),英法两国向清政府要求租借广州城外白鹅潭边的小沙洲——沙面,并要求清政府负责沙面的地基填筑工程,费用在英法两国向广州当局勒索的"赎城费"中扣除。1859年,英国人李泰国被委任为"中国总税务司"。7月,李泰国按上海海关的办法到广州粤海关设立海关税务司。从此,粤海关的一切大权操控在英国人手上,李泰国以"值百抽五"的原则确定关税,使粤海关连同中国其他海关税率被变相地固定在这一当时世界上最低的税率标准上。十三行商馆从此退出了中国对外通商贸易的历史舞台。

中篇

陶瓷艺术文化

CERAMIC ART AND CULTURE

中国陶瓷艺术与民族文化精神
CHINA'S CERAMIC ART AND NATIONAL CULTURE SPIRIT

中国陶瓷艺术是人类文明史上出现最早的一种艺术形态，是在中国民族文化精神形成过程中孕育成长起来的艺术品类，是华夏民族传统文化精神的缩影。我们可以从陶瓷艺术的审美中了解中国不同时期的文化内涵，探寻中国的民族文化精神。文化精神是人类思维运动发展的精微内在动力，中国陶瓷发展的内在思想源泉离不开中国传统文化的基本精神。中国的民族文化精神具有两个重要特征：一是拥有广泛而深远的影响力，能为大多数人所接受领悟，起到了陶冶情操和精神引领的作用；二是具有鼓励人们奋发图强和促进思想凝聚的发展作用。中国上千年的传统文化基本精神，以天人合一、以人为本、自强不息、以和为贵四项基本观念为核心思想。中国陶瓷艺术是在民族文化精神的基础上，在人与自然社会和谐相处中把握自己的精神内涵，从而获得了具有自己独特本质的艺术审美特征。因此，对民族文化精神来说，中国传统文化精神中的哲学思想成为中国陶瓷艺术的灵魂，而中国陶瓷艺术审美体验则是哲学思想之灵。"中和之美"是中国艺术文化审美范畴的崇高境

界，体现着人文精神中"自然"的魅力。中国陶瓷艺术反映着中国人崇尚中和、中道的审美情趣与价值取向。纵观中国陶瓷艺术的发展，从浑沌之源、萌芽之初到遍地开花，自始至终贯穿着中国的传统文化精神内涵。

中国陶瓷艺术是人类漫长历史发展中的伟大发明，我们的祖先怀着对生命无限的热烈之情与丰富的创造力，为我们留下了精美的陶瓷作品与璀璨的陶瓷文化，中国陶瓷艺术承载着民族文化精神的成长历程，包容了中国人既深邃含蓄又慷慨激昂、粗犷豪放的情怀。中国陶瓷艺术以自身原始泥土的本质和如脂似玉的品质成为中华民族文化精神的见证。中国陶瓷艺术所表现出来的民族文化精神，展示了不同时代独特的精神面貌，体现了中国人对生活、对生命执着的文化精神追求。

一、天人合一

天人合一的哲学思想是指人与自然的和谐统一关系，天人合一的内涵表达不仅

元 青花缠枝牡丹云龙纹罐

要实现人与自然的和谐统一，更要实现人与整个宇宙的和谐统一，在以生命为主体和自然为客体的生态美学基础上，实现陶瓷艺术与民族文化精神的"天人合一"。中国陶瓷艺术中的天人关系主要体现的是人与自然之间的关系，中国陶瓷艺术的文化精神重点强调人与自然的亲近与融合，追求天人合一的自然天成境界需要合乎自然的要求，遵循自然发展的法则，只有这样才能被大自然所认同接纳。在天之道与人之道的对立中，在崇尚"天之道"的基础上维持"人之道"的道德原则，才能保持人与天地之间自然万物的平衡与和谐，以获得天人和合。正是遵循了自然生态的发展法则，中国陶瓷艺术才逐渐走向顶峰。

孟子将人性与天道联系在一起，《孟子·尽心上》中提到"尽其心者，知其性也。知其性，则知天矣"，孟子认为人性有天赋的善端，所以只有在"知性"的基础上才能"知天"。《易传》中所阐述的"裁成辅相"之说是天人合一的萌芽思想，《文言传》所解乾卦部分提出的"与天地合德"思想，对于"非常人"来说，合乎天地的意志，有日月的光彩，符四季的秩序，也顺应神鬼的吉凶。与天地合德就要与大自然均衡和合、天人协调。中国的传统哲学中的儒家、道家、佛家都强调"天人合一"，传统哲学对宇宙万物和自然生命的特殊体悟渗透进中国陶瓷漫长的发展过程中，这是中国陶瓷艺术发展中的一个根本观念，中国陶瓷艺术的成长就是遵循了自然与人和谐统一的哲学理念。

《道德经》曰"人法地，地法天，天法道，道法自然"，又讲"道生一，一生二，二生三，三生万物"。老子认为道是天下万物的母亲，天地万物由道产生，而道本身是自然的、有一定规律的，道的活动以自我满足、独立自在为法则，这种传统美学思想成为中国陶瓷艺术效仿的对象。《考工记》记载："天有时，地有气，材有美，工有巧，合此四者，然后可以为良。"天时、地气是自然界的客观条件，材美、工巧是主体方面的主观因素，只有气候因素、地理环境、材料的自然美感和工匠的艺术造诣这四大因素达到一种完美的调和，才能制造出精良的器物。著名的龙山黑陶是继仰韶文化彩陶之后的优秀品种，黑陶选用精细淘洗的陶土，利用轮制作胎，以封窑烟熏的渗炭工艺烧造，在朴素无华的光泽表面仅以刻划镂空装饰，最终造型刚健挺拔，形成"黑如漆、明如镜、薄如纸、硬如铁"的整体效果，代表着这一类型陶器的杰出成就，是新石器时代的人工艺术设计与天然材料融为一体的一个重大突破。西汉时期董仲舒认为道出于天，人事和自然都受制于天命，系统地提出"天人感应"学说。北宋思想家张载明确提出"天人合一"四字，在所著的《正蒙·乾称篇》中以形象的语言宣示乐天顺命、天人合一的思想，认为人与万物由气构成且都是天地所生，充分肯定了人与自然界的和谐统一。

新石器龙山文化 蛋壳黑陶高柄杯

中国陶瓷艺术的文化精神是人与自然和谐统一的延伸，身与物化的哲学观在自然造化中汲取美学思想的营养，不断赋予陶瓷器物新的生命，这种创作精神是对美好事物的向往，也是对现实生活的真情感悟，是中国民族文化精神中的独特文化象征。中国陶瓷艺术是一种包含着多重文化元素的文化现象，必将以其特有的民族文化精神，启迪人类文明与文化的现在与未来。

二、以人为本

中国陶瓷艺术蕴含着中华民族的卓越智慧，是人类文明发展的重要见证，折射出东方文明的奇光异彩。儒家倡导以人为本的重要价值理念，强调"人最为天下贵"，充分肯定人的价值，人领受天地之间的精气而生，人有生命、知识、智慧、道义，优于万物，是宇宙万物中最高贵者；儒家历来重视人的作用，崇奉人的尊贵地位，弘扬人的主体价值，重视人的社会作用，鼓励人的入世态度与参与意识，这是一种鲜明积极的人文精神。儒家文化思想把"以人为本"的价值理念与经世态度

明·弘治 青花高士图葫芦瓶

和奋斗精神紧紧地结合在一起，提倡自强不息、开拓进取的入世精神。千百年来，以人为本的发展理念培育出坚韧不拔、积极进取的民族文化精神品质，从而激发出中华民族勇于开拓的强盛斗志，依靠这种价值理念精神的支撑，中华民族创造出的灿烂文化始终保持着强盛的文化创造力与艺术生命力。

儒家"以人为本"的价值理念是中国陶瓷艺术几千年来艺术创作的基础，以人为本可以称为人本思想，所谓以人为本就是以人事为本，并不是把人作为宇宙的根本，而是把人作为社会生活的根本。孔子"仁政"的基本精神是对人民有深切的同情和爱心，孔子的这种思想意义深远，影响着历朝历代统治者。受儒家文化思想影响，在中国陶瓷艺术文化审美特征中，形成了以人的道德教育代替宗教影响的理念。中国自秦汉到元明清时期的陶瓷题材有"君子如玉"的精神，中国陶瓷装饰纹样题材中的松竹梅纹、月映梅纹、梅兰竹菊纹等，所体现的就是孔子自然美学观的"比德"思想，将仁的道德理念引申到自然景物之上，在大自然的山水中体味领会

元 青花云肩牡丹纹梅瓶

道德观。这种"人格比附观"与孔孟儒家所提倡的理想人格和以"仁"为核心的精神准则是一致的。孔子的这种人生价值观包含着内圣外王与自我牺牲的精神，倡导个体道德的自我完善。儒家"以人为本"的文化思想对中国陶瓷艺术的发展产生了深远而持久的影响，赋予了中国陶瓷艺术深刻的民族文化精神内涵。

孟子提出"民为贵，社稷次之，君为轻"的民本思想，荀子将君与民的关系比作舟与水的关系，劝告君主要平正爱民、隆礼敬士、尚贤使能，这些都是对"以人为本"理念的论述与展开。南朝宋著名的思想家何承天所著的《达性论》，宣扬人本观念，认为天地人相须而成，都当成为宇宙间的重要存在，没有天地的孕育，人就无法产生，没有人的存在，天地失去精神，人是天地万物的中心，不能与其他生物并列为"众生"。南北朝时期著名的唯物主义思想家范缜所著的《神灭论》，系统地阐述了无神论思想，提出形为质而神为用的学说，更彻底批驳了神不灭论。宋明理学中的诸多派别也都高度肯定人在现实生活中的价值，受儒家以人为本思想影响的中国陶瓷艺术，宗教意识都比较淡薄。在中国陶瓷艺术文化精神中，自始至终都有以道德教育取代传统宗教的创作传统，虽然道德也是有时代性的，但是这一道德传统仍有其积极的意义。

中国陶瓷艺术文化的创作，饱含了儒家以人为本的价值理念和人本思想，反映了儒家文化的审美特征和人格理想，儒家文化思想的人本主义精神理念培育了中国陶瓷艺术审美独特的风格与品质。我国从秦汉到唐宋元明清，依靠"以人为本"的价值理念和人文精神的支撑，创造出了灿烂的陶瓷文化艺术与优秀的传统文化审美作品，始终保持着强盛的艺术生命力和文化创造力。

三、刚健自强

中国陶瓷艺术以其深厚的民族文化精神和独特的艺术表现形式，成为中国和世界艺术文化宝库中一朵璀璨的奇葩，在历史遗存的丰富陶瓷艺术作品中反映出一种刚健自强的民族文化精神，体现了不同时代人与生命的品格及独特的精神面貌，充满了生机盎然的生命力，鲜明地显示了中国人对自然生命和现实生活刚健自强的执着追求。先秦时期的儒家提出刚健自强的人生准则，孔子也重视"刚"的品德，认为坚毅质朴而不善言辞的人往往有一颗仁慈的心，刚毅木讷距离仁德不远。《论语·泰伯》云："可以托六尺之孤，可以寄百里之命，临大节而不可夺也。君子人与？君子人也。"面临生死存亡的紧急关头而不动摇屈服，这才是刚毅君子的表现。《周易大传》提出"刚健""自强不息"的生活信念。《大有·象传》云："大有，柔得尊位，大中而上下应之，曰大有，其德刚健而文明，应乎天而时行。"《乾·文言传》云："大哉乾乎！刚健中正，纯粹精也。"《乾·象传》云："天行健，君子以自强不息。"乾卦的卦象代表天，特性是强健，天行就是日月星

明·嘉靖 青花荷塘纹盖罐

辰的运行。宇宙自然不停运转从不间断称为刚健，人应效法天地，永远不断地前进而自强不息，自强即努力向上、积极进取。同时儒家还重视"不息"的作用，《中庸》云："故至诚无息，不息则久，久则征，征则悠远，悠远则博厚，博厚则高明。"《诗经·周颂·维天之命》云："维天之命，于穆不已。"天道运行，庄严没有止息，这些都具有积极的发展意义。孟子在孔子思想的基础上，对儒家思想中的伦理道德观念作了进一步丰富和发展。《孟子·公孙丑上》集中阐述了恻隐之心是仁的开端，羞恶之心是义的开端，辞让之心是礼的开端，是非之心是智的开端，仁义礼智这四种端就像四肢一样，孟子认为仁义礼智四种美德是与生俱来的，但他同时又强调要想真正有所作为，人们需要努力扩充四种美德，加强后天的自身修养。

在中国陶瓷的发展历史过程中，宋瓷极简主义的陶瓷艺术风格理念领先世界一千年，宋瓷的美学思想是儒家刚健自强的人与生命品格的最好表达。由此，中华

明·永乐 青花枇杷绶带鸟纹大盘

民族形成了诸多独异于世的传统美德，这些美德不仅为过去中国陶瓷艺术的发展提供了巨大的精神力量，也为中国陶瓷文化艺术精神的形成发挥了重要的指导作用。

在中国传统的民族文化精神审美中，与刚健自强政治伦理观念有密切联系的是具有独立人格意志的道德品格，以及为了实行仁德坚持原则宁可牺牲个人生命的思想。孔子肯定人人都有独立的意志，他说："三军可夺帅也，匹夫不可夺志也。"孔子认为仁慈的人和有志之士，决不为了自己活命而做出损害仁义的事情，而是宁可牺牲自己也要坚守仁义道德的原则，高度赞扬伯夷、叔齐恪守独立的人格与不食周粟的傲骨。孟子进而提出："生亦我所欲也，义亦我所欲也，二者不可得兼，舍生而取义者也。生亦我所欲，所欲有甚于生者，故不为苟得也；死亦我所恶，所恶有甚于死者，故患有所不辟也。"（《孟子·告子上》）他所喜欢的胜过生命的东西就是"义"，义的范围包括人格的独立与尊严，坚持自己的人格独立与尊严，这是刚健自强的最基本要求。孔子与孟子的这种儒家思想包含着内圣外王与自我牺牲的人生价值观精神，倡导了个人道德品格的自我完善。中国民族文化精神的传统美德与道德规范，在加强个人修养方面发挥了重要作用，自古以来培养出了无数被奉为楷模的贤良之士，塑造了为广大人民所共同追求的理想人格。

儒家所崇尚的理想人格是圣贤，圣贤包括两个层次的人格追求，即圣和贤。成为圣人是最高统治者所追求的主要人格目标，古代的圣人典范有尧、舜、禹、汤、文、武、周公等，孔子被后世尊奉为"至圣先师"，也位列圣人。贤人在儒家文化中通常是用"君子"一词来体现的，如《中庸》："君子胡不慥慥尔。"注曰："君子，谓众贤也。"《论语》中"君子"一词的使用多达107处，除极少数代表身居高位的人外，一般用来指道德修养较高的贤能之人。孔子和孟子是儒家思想的主要代表人物，他们从不同的角度阐述了君子道德品质的修养标准，君子要想具备崇高的道德品质与优秀的个人素养，首先要拥有对仁义发自内心的向往，儒家文化思想激励着人们朝着理想中的人格标准努力奋斗，中国陶瓷艺术就是在这种儒家理想人格的鼓舞下逐渐发展起来的。中国历代的陶瓷艺术都将儒家思想的核心内容与现实社会结合起来，创造出大量的适应社会发展的优秀作品，中华民族文化精神的理想人格不断赋予这些陶瓷艺术杰作新的内涵。总之，中国历代陶瓷艺术题材与内涵无不体现着儒家文化思想中刚健自强的文化精神与审美特征。

在中国传统哲学中，儒家宣扬刚健自强的思想，道家则崇尚以柔克刚，这是构成中国传统文化思想的两个重要方面，刚健自强的思想可以说是中国文化精神思想的主旋律，儒家思想在中国民族文化精神思想中占有长期的主导地位，在中国陶瓷史艺术的发展上起了激励鼓舞的积极作用。

四、以和为贵

儒家所倡导的"以和为贵"的价值理念是中国陶瓷艺术审美表现的核心思想。

清·雍正　青花花鸟纹如意耳扁壶

《周易大传》提出"大和"观念，《乾·彖传》说："乾道变化，各正性命，保合大和，乃利贞。""大和"是指自然界万物并存共育，儒家文化思想认为人类与自然万物是和谐统一的，强调万事万物之间的对立应回归到相互统一的"大和"状态。中国陶瓷艺术在符合人与社会和谐的客观规律的基础上，来实现和感知中国陶瓷艺术发展审美的创造。《中庸》云："万物并育而不相害，道并行而不相悖。"这正是儒家所构想的"大和"景象。儒家"以和为贵"的思想自秦汉至今依然是中国陶瓷纹饰艺术意境的审美表达，这种以和为贵核心价值理念的艺术体现至今仍具有强大的生命。

儒家思想倡导"以和为贵"的重要价值理念，有和谐包容、恰到好处的含义，体现的是"和而不同"的思想意识。有子的"礼之用，和为贵"，孟子的"天时不如地利，地利不如人和"，荀子的"和则一，一则多力，多力则强，强则胜物"，都是以和为贵思想的引申与体现。以和为贵中的"和"涵盖了自然之间的和谐、人与自然的和谐、人与人的和谐、人自我身心的和谐。以和为贵的思想不仅有利于社会环境的稳定发展，也能够加强人们自我道德修养从而与外部世界保持和谐统一。经过历史的不断选择和重塑，"以和为贵"的思想理念逐渐成为民族文化精神的核心观念，对中国陶瓷艺术的形成和发展也产生了深远影响。

中国陶瓷艺术创造中"以和为贵"的思想内涵体现为普遍和谐，注重群体至上的整体观念，它们在长期的历史发展中，形成了中国陶瓷文化艺术审美的精神品格，对中国陶瓷文化艺术创造起到了积极的促进作用。例如元代的青花缠枝牡丹纹梅瓶，通体纹饰共有九层，腹部纹饰以四朵盛开的缠枝牡丹为中心，牡丹被视为吉祥富贵、繁荣昌盛、幸福和平的象征，枝叶缠绕其间，婉转多姿，牡丹花或仰或覆，仪态万方，彰显了"中和大美"的和谐理念，是中国陶瓷艺术中难得的"以和为贵"的题材表现。

"和"思想是中国历来最高的价值标准,从"礼之用,和为贵"强调和的作用,到"君子和而不同,小人同而不和",区别了"和"与"同",和、同思想最早见于西周末年思想家史伯的言论,他提出了"和实生物,同则不继"的命题,"和"是指事物多样性的统一,"同"是指没有差别的单一事物。《国语·郑语》记述了史伯的观点,不同的事物相互为"他","以他平他"就是汇集不同的事物从而达到平衡状态的"和",只有这样才能产生新事物,这种解释明确了"和"的意义。道家始祖老子也讲"和"思想,《道德经》有"万物负阴而抱阳,冲气以为和",又有"知和曰常,知常曰明",都肯定了"和"的重要性。但老子冲淡了"和"与"同"的区别,重视"和"的同时也肯定了"同",儒家"以和为贵"的思想理念,逐渐形成了追求普遍和谐的精神观念与审美理念,对中国陶瓷文化审美艺术风格取向的凝聚起了稳固与促进作用。

儒家思想中"以和为贵"的理念促进民族团结与融合,为华夏民族的凝聚与文化同化发展产生了积极作用,中华民族的文化精神与中国陶瓷文化艺术一样,都是一个多元的统一体,统一中的多元化正是中国古代传统哲学所共同提倡的"和"的体现。中国陶瓷艺术在反映客观事物的同时,必然也会反映出人的主观意识,表达人与自然万物和谐共处的观念,表现人的理想与情感。中国陶瓷艺术的发展反映着人们对美好生活的向往和对美好事物的追求,表现了中国传统民族文化精神中的人文思想,正是由于儒家思想"以和为贵"的审美价值理念的影响,形成了中国陶瓷文化艺术审美认知,从而铸就和发展了中国陶瓷文化艺术审美的强大生命力。总之,"以和为贵"的理念对中国陶瓷文化审美艺术影响深远。

清·雍正 青花《兰亭会》笔筒

中国对外贸易陶瓷与世界宗教文化
CHINA'S FOREIGN TRADE CERAMICS AND WORLD RELIGIOUS CULTURE

在中国千百年的对外文化交往过程中，佛教、伊斯兰教、基督教逐渐与中国的儒家、道家文化有机地融合，并对中国的传统哲学与艺术产生深刻影响，进而对中国传统哲学与艺术的物化产物之一——中国陶瓷文化的发展起到促进作用。

佛教讲究轮回论、因果报应论，并把人们追求的"合理"委于"来生""天国"，以求使人的精神得到安慰和解脱。而请佛来济助的方法，便是诵经、礼佛。因此，石窟和庙宇等敬拜的场所，陶瓷佛像、菩萨、天王、力士等成为崇拜对象。佛教与中国瓷器两者在精神与物质上相互渗透与影响。佛教文化既丰富了中国陶瓷的造型与纹饰题材，中国陶瓷的佛教纹饰题材的创作又为佛教文化的传播与发展做出贡献。

伊斯兰教信徒很早便来到中国传教。伊斯兰教认为真主是无形的，因此极力避免偶像崇拜，而认为书法是神的愿赐，故书法艺术作为装饰图案广泛应用于手工艺品。《古兰经》及圣训格言等内容，被中国陶瓷以阿拉伯文、波斯文的样式作为装饰纹样，宣传善有善报的圣训。阿拉伯的鼓腹瓶、扁肚葫芦瓶、双耳瓶、双耳折方

清·乾隆 广彩圣经故事图盘

瓶也成了中国陶瓷仿制的范例,而同心圆也形成了一种装饰风格。

基督教对中国文化的发展也有很大的影响。明清时期欧洲的宗教组织不断地向中国派遣传教士,真正开始了"西学东渐",随着基督教在中国的传播,描绘《圣经》故事内容的"订烧瓷"在中国变得越来越普遍。尤其是耶稣会瓷,专注于弘扬基督教教义。另外,基督传教士还向中国工匠传授版画技法、焦点透视法技艺,使一些中国陶瓷从造型、装饰、图案都明显带有欧洲风格。

一、佛教与中国陶瓷文化的相互影响

佛教传入时为印度教教义,传入中国并与中国传统文化融合后,产生了新的教义。"禅宗"即为中国人自创的宗派,特别重视自我教育与人生修养。

随着佛教的传入,佛教艺术也随之而来。魏晋时期的谷仓罐上就已经出现了佛教造像。莲花作为佛教艺术的题材之一,在南朝时已普遍作为装饰。为弘扬教义,以佛教人物为题材的瓷雕艺术得以快速发展。中国陶瓷中的瓷雕艺术,融合了泥塑和石刻艺术的精华,佛教人物瓷雕更是吸收了佛教石窟艺术的精髓,造型优美、技艺熟练。佛教称"到达彼岸,成就完美人格者"为如来,所以陷于苦难的人,就向如来求救,或者萌发向如来求救的心理。为满足人们精神上的需要,模仿如来的陶瓷雕塑应运而生。光洁滑润的瓷器充分地表现了如来的大德、大智，表现了人性的完美和人格的崇高。而为人崇信的菩萨有地藏、观世音，他们本已进入如来的境界，为了济度苦难的众生，自愿居于菩萨之间，不时引导人们，甚至入地狱济助。这满足了下层社会广大苦难信众渴求解脱、向往幸福的心理，因此，菩萨的塑像特别多。从出土及留传文物中，可以找到许多有关佛教人物的陶瓷雕像，他们面目慈祥、神态逼真，极大地丰富了中国陶瓷。中国陶瓷把这些佛教人物融入各种陶瓷器皿中，既再现了佛教的宗旨，又丰富了陶瓷的使用功能。

贲巴壶为佛教专用器物，其有流嘴，但无执柄，使用时手握壶颈，与阿拉伯人带来中原的贮水具扁壶不同，贲巴壶主要用于佛事，相传释迦牟尼平生有九龙灌顶事迹。元代西藏喇嘛教（佛教分支）传入蒙古，而满族受蒙古文化影响很深，也尊喇嘛教。因此清代官窑生产此壶是为了供朝廷赐给天下喇嘛各寺，朝廷也曾将贲巴壶赠予曲阜孔庙，示意尊敬。

传说佛祖释迦牟尼生在七宝七茎莲花上，故莲花被奉为"佛门圣花"。我国自

清·乾隆 冬青釉描金缠枝莲贲巴壶

古即有爱莲花的习俗，历代文人墨客多有称颂，称它为"君子"花。基于佛教的盛行，我国人民崇尚的莲花便自然成为一种理想的装饰，并以刻、印、绘的浮雕，堆、贴等不同的手法出现在瓷器上，随着佛教的中国化，莲花题材逐渐失去了其宗教含义而成为优美的纯装饰性题材，丰富和发展了我国陶瓷的装饰艺术。

明代景德镇陶瓷彩绘，以图案装饰为主，往往以一种或数种植物、动物作为主题纹样，配以其他辅助纹样而构成一幅完整的图案，除各种动、植物纹饰外，也有许多带有明显宗教色彩的图案成为装饰主题，如佛教的梵文、八宝。八宝是佛教庙宇中供在佛、菩萨"神桌"上的吉祥器，也称"八吉祥"，即法轮、法螺、宝伞、白盖、莲花、宝瓶、金鱼、盘肠结。到了后来，这些与佛教有关的图案，使用功能逐渐扩大，而不再局限于作为佛教供器了。对于外来文化，中国陶瓷既有吸收模仿，也有改革创新，这在青花器纹中表现尤为突出。如明清两代青花瓷器纹饰上使用极广的缠枝莲纹，就是一种典型的代表，起初是借鉴佛教艺术中的忍冬、卷草纹之类波形纹，后来又把它和汉代彩绘以及漆器上的云气纹相结合。

二、伊斯兰教与中国陶瓷文化的相互影响

饱含阿拉伯民族宗教信仰和审美趣味的伊斯兰纹饰，充满了自然、优雅、梦幻的艺术魅力，它们与中国传统工艺美术的碰撞与交流，带来了一定的审美冲击，丰富了人们对文化内涵的认知。明朝是伊斯兰教在中国迅速发展的繁荣时期，也是回族在我国最终形成的时期。这是因为自唐宋以来信仰伊斯兰教的阿拉伯、波斯、中亚等地的商人、传教士等从海陆两路来华，其中有些不归者散居各地，娶妻生子。这些人保持着原有的生活习俗与宗教信仰，成为回族的部分先民。为尊重穆斯林的宗教活动，明朝修建了许多清真寺以示恩眷，并吸收其中的精英到朝廷任职等，对伊斯兰教的尊崇也表现在对其文化的兼收并蓄上。

"丝绸之路"加强了中国文化与伊斯兰文化的交流，中国陶瓷艺术也在这期间受到伊斯兰装饰艺术的影响。早在唐代，就出现了具有伊斯兰装饰风格的中国外销瓷。长沙窑瓷器上甚至出现了"真主最伟大"等伊斯兰宗教颂词的书法装饰。穆罕默德第一次受到"神启"，天使加伯利就传达了"神"教人用笔写字的圣谕，故伊斯兰教徒习惯用文字作为图案，并广泛应用于陶瓷装饰。明代中国瓷器以阿拉伯文、波斯文为装饰纹样开始于永乐青花瓷器上，以后宣德、天顺、成化、正德历朝均有此类传世品，其中以正德为最，表明了当时伊斯兰教的社会影响。中国陶瓷上的阿拉伯文、波斯文内容主要为《古兰经》、圣训格言，真主安拉和圣人穆罕默德的赞颂辞，也有书写器物名称。

伊斯兰文化对中国陶瓷的影响不仅在瓷器的装饰上，在造型上表现也很突出。伊斯兰饮食习俗通常将食物置于大盘、大碗之中，众人席地或围桌而坐共同食用，14—15世纪的波斯美术作品对此进行了生动细致的描绘。蒙古征服亚欧促进了伊斯兰文化的东渐，海外贸易空前繁荣，拓展了中国陶瓷的国际市场，也刺激了伊斯兰文化陶瓷的生产，这种大盘就是此时的典型器物。

在伊斯兰宗教生活中，用水的场合很多，每天参拜真主穆罕默德之前，三餐饭后，都要用水洗手，特别是教徒前往圣地麦加朝见，所以"军持"成为伊斯兰教徒惯用器物。明清时期，伊斯兰教盛行于东南亚，景德镇制造的青花瓷军持，大量输往南洋诸国。马来人改信伊斯兰教以后，非常需要这种军持，由景德镇输往南洋的军持，大量的是青花、五彩陶瓷，深受马来人的喜爱。同时，15世纪前期流行的扁肚葫芦瓶，就可以从叙利亚和阿富汗常用的素烧扁肚葫芦瓶中直接找到其踪迹。永乐、宣德两朝器物多种多样，有很多新的器型，如双耳扁瓶、双耳折方瓶等，在元代的器物中不见这种类型，显然不是我国瓷器原有的器型，这与郑和出航西亚国家分不开。清真寺是伊斯兰教徒宗教活动的中心，最虔诚的教徒一天要到寺内礼拜五次，每星期五还有一次大的聚礼活动。清真寺大殿北部是"密哈拉布"——祭坛，是阿訇率领教徒举行礼拜的重要地方。在这个神圣场所，穆斯林往往用中国青花瓷碗和青花瓷碟按一定距离镶嵌成精美图案。

明·万历 青花花鸟纹军持

三、基督教与中国陶瓷文化的相互影响

基督教在唐太宗贞观九年（635）才传入中国，且一开始并未受到重视，至唐会昌五年（845）被禁。之后，虽在元朝也曾传播，但元朝灭亡后，基督教再度被禁。直至明万历十年（1852），传教士利玛窦来到中国，才使天主教在中国得以立足。明末清初以来，为了叩开"远东帝国"的大门，那些肩负着向东方传播宗教使命的传教士，相继来华，传教士在宣传基督教的同时，也带来了西方的文化与科技，这对中国陶瓷装饰艺术的发展产生深刻影响。

1715年，意大利人朱塞佩·迦斯底里奥，即郎世宁来到中国，从此开始了他在中国长达五十年的艺术生涯。郎世宁在中国有大量作品，其人物肖像画具有较强的写实能力，描绘的人物逼真酷肖，深得皇帝的喜爱。其为皇帝和皇后所绘的正面朝服像，作品华丽工细，均取正面光照，从而使人物面部清晰柔和，更加符合东方民族的欣赏习惯。郎世宁除自己在宫中作画外，还向供奉内廷的中国画家传授欧洲绘画的技法。铜版画是欧洲比较名贵的艺术品，康熙年间传入清宫，由郎世宁在中国

清·乾隆 郎世宁 《花鸟图》

发扬光大。雍正年间出版的《视学》作者是年希尧,书中专门讲述欧洲焦点透视画法,序言中介绍郎世宁向年希尧传授了"定点引线之法",即焦点透视画法。

随着中西方贸易越来越密切,中国陶瓷进入欧洲,在当地人民的生活中扮演了重要角色,并逐渐成为宗教的载体,直观地呈现在人们面前,使艺术和教义有机地融为一体,潜移默化地影响着人们的行为标准和价值取向。中世纪,除零星出现的陶瓷商品外,中国瓷器很少进入欧洲。威尼斯商人马可·波罗在《马可·波罗游记》中向欧洲展现了一个崭新的世界。

《圣经》对欧洲社会产生了深远的影响。随着基督教在中国的传播,《圣经》的故事也广为流传,中国陶瓷便成了这些题材故事的载体,并以其洁净的胎体,淡雅的花面、优美的造型加上动人的故事,对于基督教的传播产生重要的影响。在订烧瓷中,描绘《圣经》故事的内容较为普遍,而且题材众多,早期很明显是利用中国传统画法来描绘基督教的有关故事。圣经中耶稣降生、受难、复活等故事活生生地再现在景德镇陶瓷画面上,如《钉在十字架上的基督》《基督复活》等。

中国陶瓷所描绘的基督教故事内容,会根据不同的器型与釉色做出调整,以使这些故事与瓷器相得益彰。以宗教神话为装饰题材的中国陶瓷进入欧洲后，多半被陈列起来，其艺术性和教育性已经远远超过了实用性。文艺复兴活动开始后，中国陶瓷更成为文艺复兴精神的载体。各种陶瓷器皿上所描绘的女神容颜中带有情欲的意味，恍惚和忧郁，女神披着极薄的纱或是裸体，追求现世幸福的爱欲使她们变得更加美丽，并具有东方趣味的装饰美。女神衣服上的花纹、鲜花、波涛的形状都富有东方的神韵。

康熙德化窑人物立像则生动地反映基督教对中国陶瓷造型的影响。"亚当和夏娃"最为东西方人所熟知，其瓷人发型和头部稍有波利尼西亚人的韵味，有人认为是模仿粗犷的东南亚人物塑像，也许是作为古玩或纪念品在欧洲流行，可能是荷兰商人订做的。白釉体现了他们纯洁的爱情，精细的雕刻，再现了他们难以言表的幸福和甜蜜，整个塑像神态安详。

清·乾隆 广彩圣母图碗

中国对外贸易陶瓷与巴洛克、洛可可艺术相遇
CHINA'S FOREIGN TRADE CERAMICS AND BAROQUE & ROCOCO ART MEET

在文化接受中,最容易见效的当然是物质文化。西方人在中国的工艺美术、实用美术中,不仅享受了它们的实用价值,而且赏识了它们的审美价值。随着文化交流的扩大,西方人在对中国物质文化赞叹不已的同时,逐渐惊喜地发现,中国的精神文化更灿烂辉煌、博大精深。中国传统文化中,最早被欧洲人接触并接纳的,便是丝绸与陶瓷。最早在古希腊、罗马时期,中国的丝绸就已经传入欧洲,出于对丝绸的喜爱,古代欧洲人称中国为"赛里丝"(Seres),意为"丝绸之国",这是欧洲人对中国的最初了解。相对于丝绸,中国陶瓷传入欧洲的时间较晚。中国宋代时期,欧洲人才真正接受了中国的陶瓷,于是,中国很快在欧洲人眼中变为"China",即"瓷器之国"。不管是丝绸还是瓷器,它们实际上都是作为中国文化的一种物质载体,来向世界传播的。瓷器作为一种文化艺术商品,首先具有商品的流通性。随着世界交通的不断发展,特别是地理大发现之后,世界各大洲之间的联系愈加密切,中国与欧洲各国之间的商业贸易活动也越来越频繁,具有东方色彩的中国瓷器逐渐

打开欧洲的市场。瓷器作为一种文化艺术，既是物质的，也是精神的。在欧洲人最先倾倒于瓷器细腻、精巧、温润的物质美学后，也逐渐被其所蕴含的丰富精神内涵所折服。这些饱含中国文化元素的瓷器逐渐影响了欧洲的艺术风格，东西方的文化艺术开始相互作用、相互影响。

一、时代背景

新航路开辟之前，欧洲与中国的贸易路线分为陆上路线和海上路线。其中陆上路线是指陆上"丝绸之路"，东起中国，经中亚腹地至小亚细亚，再到欧洲，这中间还包括多条支线；而海上路线主要利用季风的特点，在每年的4—6月，船只从苏伊士或巴士拉出发，分别经过红海或波斯湾进入阿拉伯海，再顺着西南季风航向印度洋和中国，10—12月，再跟随东北季风回到始发地。但是，不管是陆路还是海陆，这一时期的欧洲与中国都是间接的贸易关系。

15世纪以后，随着西欧资本主义生产关系的萌芽与发展，商品货币关系的繁荣，封建自然经济逐渐解体。货币不仅取代土地成为社会财富的主要象征，而且日益成为衡量社会地位和权力的重要标志。西欧货币体制由银本位制改为金本位制之后，黄金成为唯一支付手段，需求量急增。因此，欧洲人无不醉心于搜寻黄金和财富。加上《马可·波罗游记》《曼德维尔游记》《世界的面貌》等对印度、南洋和中国财富的夸张描述，激起了欧洲人对于东方的向往和冒险远游的热情，使他们认定只有到中国等东方国家才能实现他们的"黄金梦"。这从本质上反映了资本主义生产关系对于掠夺财富和加速资本原始积累的迫切要求，它成为探索通往东方新航路的主要动力。此外，当时欧洲与中国的贸易基本上被意大利人和阿拉伯人垄断，欧洲商人想要直接与中国进行贸易，必须绕开意大利和阿拉伯，另辟蹊径。15世纪中后期，奥斯曼帝国崛起，控制了亚欧商路的枢纽，传统的东西方贸易虽没有完全中断，但正常的商业贸易秩序，因土耳其军队的抢劫和高额的关税，遭到破坏。从此，东方运到欧洲的商品数量急剧减少，价格也飞速上涨。加之欧洲上层社会视东方奢侈品为生活必需品，不惜高价大批采购，由此导致贸易严重入超，贵金属大量外流，财政不堪负担。于是各国纷纷采取行动，希望绕过地中海东部，另外开辟一条通往东方的商路。

15世纪末、16世纪初，西欧各国为寻找地中海以外的直达东方航线，出现了一系列影响人类历史进程的地理大发现。新航路的开辟，使一向相互隔绝的世界各个地区联系逐渐加强，并逐渐形成了以欧洲为中心的世界经济体系，世界开始了一体化的过程，世界市场开始形成。进入16世纪后，大批传教士前往中国，一方面传播教义，另一方面从中国获取信息和情报。他们带回国的各种报告、论著，引起欧洲人对中国的巨大兴趣。

16世纪之前，中国瓷器主要销往亚洲和非洲，只有为数极少的中国瓷器零星流入欧洲。1497—1498年，葡萄牙人达·伽马开辟了欧洲从海上直通印度的新航路以后，1515年在印度果阿设立了葡萄牙总督府。16世纪中叶，商人们从果阿到中国，往来于宁波、厦门等城市，直至租借澳门，并从中国将生丝、丝绸、陶瓷、漆器、玉器等运往具有垄断性质的欧洲市场。可以说，16世纪，欧洲几乎所有的中国商品都是由葡萄牙人带来的。17世纪起，荷兰取代葡萄牙，垄断了东西方的海上贸易，将大量的中国瓷器运销欧洲各国。17世纪后半叶至18世纪是欧洲国家与中国进行瓷器贸易最为频繁的时期，也正是清王朝国力最为强盛、瓷器生产最为兴旺的时期。18世纪前期，清政府允许更多的欧洲国家在广州开设贸易机构，中国因而同欧洲建立了直接的贸易关系，中国瓷器不再通过伊斯兰教国家即可输入欧洲，从而使得输入欧洲的瓷器数量激增，在18世纪40年代到60年代的20年间，中国对法国的瓷器出口达到了高峰。

频繁的往来，使中国的商品、文化、艺术，特别是18世纪清代康乾盛世的美景，引起欧洲人的喜爱和向往。于是，在17世纪末至18世纪末的100年间，在欧洲出现了"中国热"现象，欧洲室内装饰、家具、陶瓷、纺织品、园林设计等方面大量融入和表现出中国风格的元素。中国风格成为一种时尚，1792年，英国外交官马嘎尔尼在日记中写道："整个欧洲都对中国着了迷，那里的宫殿里挂着中国图案的装饰布，就像天朝的杂货铺。"中国式家具、屏风、壁纸、纺织品、陶瓷器皿、园林建筑等方面都受到欧洲生产者和经销商的竞相摹仿，以至于当时的欧洲流行一个法文的新词 Chinoiserie，即"中国趣味"或"中国时尚"。"中国热"当时渗透到了17、18世纪欧洲人生活的各个层面，具有东方色彩的中国工艺美术品广泛地走进了西方的艺术生活中，并对西方艺术中的巴洛克、洛可可产生了深层次的影响。

17—18世纪，法国是引领欧洲"中国热"的中心，这和当时的法国国王路易十四对中国的向往有极大的关联，1670年，路易十四下令在凡尔赛建造了一座"中国宫"。法国国王路易十四和康熙大帝可谓私交甚密，他们一个是法国的"太阳王"，一个是中国的"天子"，两人同为一代帝王，有着很多相似的经历。虽然天各一方，但是通过传教士的书信传达，两位帝王可谓互相敬仰、惺惺相惜。法国国王路易十四和康熙皇帝的书信交往，也成就了17—18世纪中法文化艺术之间的交流。亨利·科尔迪埃先生指出，1685年，法国国王路易十四派遣首批耶稣会传教士

法国国王路易十四选购中国瓷器

来华，是 17、18 世纪中欧 (中法) 关系史上一件有重要意义的事件。传教士们努力的奔波拉开了 18 世纪法国 "中国热" 的序幕。1698 年 3 月，白晋神父自欧洲返华，同时向康熙皇帝献上路易十四的礼物。同年 10 月，开往中国的商船 "昂菲特里特号" 为第一艘派往中国进行商贸交易的法国船只，在当时被认为是皇家身份的象征。中法正式通商后，中国的丝织品、瓷器、漆器、家具、挂毯、绘画等，源源不断地输入法国。康熙三十七年 (1698)，随白晋来华的法国传教士傅圣泽，于康熙六十年 (1721) 离华，返回法国，带回宗教、政治、科学、艺术、语言等中文古籍总计近四千册，除部分属于个人收藏外，其余均属于替当时法国皇家图书馆购置，这些书籍，成为后来欧洲汉学家研究中国的基础。1735 年，杜赫德出版《中华帝国志》，至此 18 世纪的 "中国热" 的风潮席卷法国，可谓是如日中天，势不可挡。

二、巴洛克概述

巴洛克，欧洲早期艺术文化风格代表，巴洛克 (Baroque) 一词源自葡萄牙语 barroco，意思是 "形状不规则的珍珠"，用在此处则指 "不合常规"。在意大利语 (barocco) 中，意思为 "奇特、古怪" 等解释。在法语当中，"Baroque" 为形容词，有 "俗丽凌乱" 之意。17—18 世纪，巴洛克泛指奇怪、矫揉造作的风格，是当时崇尚古典艺术的评论家带有贬义的称呼。1888 年，海因里希·沃尔夫林《文艺复兴与巴洛克》一书问世，将巴洛克正式推上艺术流派的舞台。沃尔夫林认为 "相对于文艺复兴来说，巴洛克艺术具有从线性到绘画性，从平面到立体，从封闭的形式到开放的形式，从分散到统一，从对象的绝对明确性到相对明确性的变化等特征"。

据西方艺术史划分，巴洛克艺术大约是从 16 世纪末期开始，一直延伸到 18 世纪，以意大利为中心，逐步扩展至德国、法国、荷兰、西班牙等地。巴洛克风格最初发展于罗马，它力图恢复古罗马帝国的庄严、宏伟和富丽堂皇。它是一种以宏伟和华丽为目的，充满骄傲及力量的艺术。虽然巴洛克常常拥有大量富于幻想的装饰,但其主要特点是雄浑,这很能适应太阳王——法国国王路易十四的尊严与壮丽。这时期的新古典主义讲求自然、理性、真实,并通过转向学习古典来表现永恒,但它其实更多地展示了封建宫廷理想的文艺理念。巴洛克艺术突破了文艺复兴古典艺术典雅、匀称和静止的理性特点,不管是艺术精神还是表达手法都与以往文艺复兴时期庄重、和谐、主题鲜明的特征不同。在17世纪的欧洲,无论是建筑、绘画,还是雕塑、音乐,都具有巴洛克倾向。因此,将色彩斑斓的17世纪说成巴洛克时代也并不为过。

巴洛克艺术,这颗璀璨的"西方明珠",让我们从绘画、雕塑与音乐的艺术形式里领略到色彩斑斓、富丽华贵的艺术瑰宝。这些艺术形式的诞生及发展,与这艺术时期的文化交融在一起,互相影响,互相渗透,把最完美的艺术作品展现给人们,甚至在今天的艺术发展中还继续给予我们能量和智慧,为当今世界艺术文化的创造带来启示。

三、明清外销瓷对巴洛克艺术的影响

在16世纪葡萄牙人带到欧洲的商品中,中国的瓷器既是实用品,又因其洁白的质地与丰富的纹样,为欧洲贵族所喜爱。在此之前,欧洲的陶器主要为粗陶,其

意大利罗马特雷维喷泉 巴洛克式建筑

质地无法与中国瓷器相比，于是，细密而有光泽的中国陶瓷就被欧洲人视为宝物。法兰西王弗朗索瓦一世在枫丹白露宫专门设立了中国瓷器收藏室，西班牙的菲利浦二世收藏有三千件瓷器，佛罗伦萨美第奇家族1553年的收藏目录中也记有373件陶瓷。虽然这些瓷器无法全部确认来自中国，但也证明了收藏瓷器在当时已经成为一股风潮。16世纪，慕尼黑、维也纳以及英国等地区和国家莫不如此。这一时期，提香和乔凡尼贝利尼的油画《诸神之宴》，描绘了阿波罗等诸神在林间宴饮的场景，林中仙女宁芙手持和地上放置的器皿是中国青花瓷器，左边萨提尔头顶的是仿中国青花的意大利陶瓷。画中所描绘的三个青花瓷器，特别是画面中央盛着果物的大钵，放置在坐着的朱比诺和大地女神该亚、海神尼普顿面前，如同一个主角，展现了中国文化的极高境界与气质。像这样对中国陶瓷器的珍视对威尼斯派画家来说并不少见。

欧洲人对中国瓷器喜爱的原因，并不只意味着对具有优良质地的珍贵物品的憧憬，更能显示出其对于玄远而高妙的、异质的中国文化的向往。从16世纪中叶开始，人们从葡萄牙商人和传教士那里开始了解中国的情况。葡萄牙传教士庚斯波罗·达·库

意大利 贝利尼 《诸神之宴》

斯到达中国，虽然只是停留几个月，但他宣传中国"所有食物和生活必需品非常充裕"，也留意于中国的国家统治方式。其虽以传教为目的，却对异教的中国文化极为称赏。西班牙修士马尔泰·拉达也盛赞同时期的中国"土地肥沃，物产丰富，人口稠密"。16世纪后半叶，欧洲人对中国的认识就不只是作为一种兴趣，而是对其作为一个国家的存在而有了深刻印象。"据说中华帝国的统治，差不多与自然的本性相一致，国家权力并非委托于缺乏教养和本领者，而是交付于学行皆优的人。"这种溢美之词逐渐加强了中国作为欧洲国家典范的形象，使中国成为西欧各国走向强大的中央集权君主制的规范。"行政官员们被确定了各种等级，由于秩序优良，相互协作，几乎不可想象，遍及整个王国的是怎样一种愉快的和平与安定。"这是对中国科举制度下官僚体制的理想化的评价。

在被称为巴洛克时代的17世纪，中国文化对欧洲文学、科学、哲学、宗教、生活等方面都产生了很大影响。法国从16世纪开始，路易十三及其宰相都是热心的收藏家。路易十四更把这种局势向前推进，使王宫中的收藏规模进一步扩大，并在凡尔赛宫修建了著名的"瓷宫"，他还下令将《大学》《中庸》《论语》译为拉丁文。这一时期，中国园林风格传入欧洲，欧洲人给予其"美无定则"的美学评价。而"美无定则"一词也恰当地说出了中国瓷器纹饰的特征。可以说这是向欧洲美学挑战的另一种美学。为欧洲带来"美无定则"这一美学观的，不仅包括园林、瓷器，还包括中国画和屏风等所有中国艺术形式。"巴洛克"一词所追求"不合常规"显然受到了中国艺术"美无定则"美学观的影响。

中国陶瓷纹饰受到中国绘画艺术的深刻影响，中国陶瓷纹饰中无一不是赋予了作品丰富的情感和人文因素，极富中国绘画的寓意和启发。随着中国瓷器大量进入欧洲，必然对其艺术风格产生深刻影响。欧洲文艺复兴时期的艺术风格追求秩序、庄重、均衡与静止，并通过"远近法"和"比例"的概念来实现。而中国的艺术则有着与其完全不同的秩序与空间把握方法。而引领巴洛克艺术风潮的浪漫主义情怀，将古典主义的严肃、拘谨与理性改创为亲切、柔和、令人惊叹的特有风格,整体风格的概化,是无法脱离时代背景——中华传统文化随古代丝绸之路不断注入的底层背景的。在巴洛克绘画艺术初期,尚未体现出鲜明的中国元素,但线条已由以往的清晰转为模糊光感,尤其在画作背景部分表现得极为强烈,这体现出中国瓷器纹饰绘画写意的部分特征。如彼得·保罗·鲁本斯的《抢劫留西帕斯的女儿》,画面背景的云朵犹如晕染开来,带有流动的气息,树木表现出光影的交错,未体现鲜明的轮廓。模糊的背景更为有力地衬托与对比出画面中激烈的气氛,显现出巴洛克艺术已经突破了以往注重写实的特点,呈现出与明清外销瓷纹饰意会主题不谋而合的气氛晕染。安东尼·凡·戴克1632年所绘的《手指向日葵的自画像》背景中的云朵,伦勃朗·凡·莱因1638年所绘的《石桥》背景中的天空都展现出相似的特征。经过一定时间的发展,巴洛克风格中具有中式晕染效果背景特征的演化愈发明显,如萨尔瓦多·罗萨的《托拜厄斯和天使》。画中的背景表达方式更为写意与模糊,而瀑布、山石、飞鸟的画面处理,与中国瓷器纹饰表达的方式非常接近。至此,中国瓷器所蕴含的中国传统元素已由商品表层物象进入平面艺术表达的意识层,并逐步与文艺复兴的艺术风格相融合。细数巴洛克画著经典,宗教主题、人物主题与风景主题等不同素材的底层背景均受到了整体上中式写意风格的影响。

明清外销瓷对巴洛克各类视觉艺术作品的表达方式与构图形式也有较为深刻的影响。伦勃朗·梵·莱茵的毛笔画《亨德里克·斯拉潘德》因表达方式不同而充分展

比利时 安东尼·凡·戴克 《手指向日葵的自画像》

荷兰 伦勃朗 《石桥》

现出中国陶瓷纹饰对于巴洛克艺术平面表达背景的影响，画作所选择的是中国传统绘制工具，因此，淋漓尽致地表达了巴洛克艺术时期表达方式中的中华传统文化基底与"意会神似"的艺术传递方式。画作较中华传统绘画更加注重光与影的表达，充分体现出中华传统绘画与西方文艺复兴人像绘画所融合的巴洛克艺术精髓。同时，中华传统绘画强调主题与环境之间相互衬托与呼应的关系在巴洛克艺术表达中亦有充分的体现。如伦勃朗·梵·莱茵的素描作品《三棵树》，画面留白与主体的强力比对，明显体现出主体与背景中晕染效果的云团强烈的光影呼应与有机的结合。

巴洛克视觉艺术的表达所呈现的散点与焦点、平面与空间的繁复、连续、多层次的组合方式，也体现出中式艺术的风格特征。伦勃朗·梵·莱茵于1638年绘制的《石桥》体现出中式构图的特质，柔和平淡的画面主体在环境空间中若隐若现，不具单一焦点，蕴藏中式平面构图风格特点。概括来说，巴洛克艺术打破了传统构图的宁静与和谐，具有浓郁的浪漫主义色彩，充分表达了艺术家的丰富想象力，兼具豪华与享乐主义的宗教特色，极力强调运动与变化，综合表达作品空间构图与立体建构。从某种程度上表现出主题弱化，以及环境背景与画面主体强烈呼应的整体感。在突出的巴洛克艺术特点中，动感的构图方式、主题弱化、环境与主体间的关系强化、多种表达形式的融合与再创均体现出中华传统文化思想在艺术表达底层背景中的积淀与内化。随着巴洛克艺术的蓬勃发展，后期愈发强烈地将中华传统文化思想中的整体观与"意会神似"的特定形式埋藏于洛可可时代全面爆发的底层，为艺术史的新篇章奠定了基础。继而，这种划时代的艺术形式，将中华传统文化吸收与再创后，又回传至中国本土，对于当时的中国文化、艺术乃至意识领域产生了直接而丰富的影响。

君主与贵族所提供的经济资源是巴洛克艺术表达得以现实化的基础，在此背后的多种中国传统艺术的表达方式乃至中华传统思想的意识注入，与古代丝绸之路的经济发展与商品流通密不可分。也正是由于古代丝绸之路的经济互动树立了中华传统特色商品，如丝绸、瓷器等的高端与奢华定位，奠定了由中华元素，延伸至中华传统艺术表达，最终确立了中华传统思想在西方欧洲上层人群中的影响力，这种影响力继而不断地注入整个欧洲，经量化汇聚至质化，使得艺术家以多样而丰富的形式，在巴洛克时期淋漓尽致地发挥与表达。

总的来说，中国传统艺术在欧洲艺术表达与意识层面的内化，构成了巴洛克艺术发展中的重要元素。古代丝绸之路引发的商品流通与经济往来，使中华古典文化艺术乃至其他艺术层面的智慧结晶抵达欧洲，在西方文化艺术肥沃的土壤中，在时代迁徙的历程中，逐步埋藏于艺术生长的底层意识环境中，借文艺复兴末期的艺术转型，取得了重要的突破，并为后期洛可可艺术的全面爆发提供了重要的基础和原动力。

四、洛可可概述

洛可可（Rococo）一词源自法语"Rocaille"，原是指风格主义和巴洛克花园中由石头和贝壳等组成的奇异装饰物，常与涡卷形花、戴饰等不规则造型相联系并构成一种无法进行理性分析的随想物，其特征是华丽纤巧轻薄，在造型上重视"线"的律动，喜用弯曲和浑圆的外形，以复杂的波浪线条为主势，颜色上轻淡柔和，基调苍白且无明显的色阶，在主题上偏重罗曼蒂克、神话、幻想、日常生活。

洛可可艺术风格起源于法国上层社会的需要。龚古尔兄弟在《十八世纪的艺术》中指出："当路易十五的时代代替了路易十四的时代时，艺术的理想从雄伟转向愉悦，讲求雅致和细腻入微的感官享受遍及各处。"1715年，专制的太阳王路易十四去世后，法国的宗教改革及新专制体系已失去维系人心的力量，君主政体剥夺了贵族的政治权力。很多王宫贵族纷纷离开了枫丹白露的王宫，住进了一些可爱的小居室，他们在经过体制改革之后逐渐与国家及教会绝缘，坐享余荫，寄情花鸟，抛弃了原来的风格，而是采用一些"效法自然"（只是单纯地模仿自然）的物品来美化自己

法国枫丹白露宫

的生活，旨在创造一个环境来满足上流社会的皇室与贵族对物质享受的极致追求。

在路易十五执政时期，法国巴黎贵妇举办的沙龙成为当时世俗的生活核心与文化风尚，许多贵族、上层资产阶级、文学家、艺术家都聚集于此，由此也形成了社会文化以贵妇审美趋向为主导的时尚。其中，蓬芭杜夫人作为路易十五的情妇，她的喜好对于当时整个欧洲的艺术时尚产生了巨大的影响。

五、明清外销瓷对洛可可艺术的影响

18世纪，启蒙时代的形而上思考及其人文主义精神对宗教及专制信仰起到破坏作用，宗教反改革运动和新专政制度，都已经失去了它们俘获人们的能力。这是一个宗教怀疑主义与幻灭的时代，这个时代的思想意识已经超越了巴洛克时代，巴洛克时代象征帝国与天国风范的雄浑艺术再也不适应这个进一步转向人自身的时代。此时的人们需要用一种尽可能小的宏伟的风格来为自己制造一个新世界，一个想象中的光明、空想、精致、娴雅和欢乐自由的世界。而也就在此时，欧洲的传教士们带回了来自遥远东方的文化，其中就有陶瓷。一位西方学者说过："洛可可艺术风格和古代中国文化的契合，其全部秘密就在于瓷片所体现出来的纤细入微的情调。"

这一时期，随着输入欧洲的中国陶瓷大量增加，种类诸如壶、碗、杯、盘等，还有各种人物与鸟兽的瓷像。其中最值得一提的便是观音瓷像，由于观音的形象在某些西方人的眼中很像是他们的圣母，因此非常受欢迎。同时那些画在瓷器上盛开的花木、庭院花草、鸟虫、村庄、猎人及渔民生活等景色的纹饰，因其与当时欧洲人不同的透视习惯、绘画方式及技巧，令西方人感到惊奇和充满联想。中国陶瓷审美文化所包含的形式美与思想美学都是欧洲社会所不曾有过的，对当时欧洲审美观念产生了巨大的冲击，也刺激和推动了欧洲仿效中国瓷器建立自己的制瓷业。对中国瓷器的仿制是洛可可风格运动的一个主要内容，虽然西方并没有能够完全领会到东方艺术的精华而只是撷取了其装饰性的表面部分，但欧美艺术家从仿制中国瓷器的过程中得到了更大的艺术风格改变动力，这一点是不容忽视的。他们只有亲身研究中国瓷器的物理、化学制作过程及艺术构思过程，才能够创造出真正属于欧美风格的瓷器，并自此以后，步向独立，趋于成熟，完成了美学理念的变迁，推动洛可可风格的形成。

中国陶瓷之所以能对当时欧洲的艺术时尚产生影响，究其根源则是由于陶瓷具有高雅、朴素、通俗等多种属性，因此瓷器既能被陈列在博物馆内，也能安置于大

清·乾隆 粉彩持经卷观音坐像

雅之堂；它有美的气质，却又是日常生活中随处可见的。瓷器所蕴含的巨大艺术魅力和审美价值是其他许多艺术形式所难以企及的。这也是陶瓷产品从远古至今盛久不衰的最根本的原因。这些充满异国情调的艺术美，也促使欧洲人由喜爱中国陶瓷到喜欢中国绘画和图案，进而喜欢中国的艺术。

中国陶瓷艺术的形式美主要表现在材质的独特性、丰富的画面装饰和造型上。就材质的独特性来说，一方面，由于瓷土本身的特性，使得瓷器总显得轻巧精致，再配以光洁莹润的釉面，其整体的质感就显出一种水中花、镜中月的飘渺朦胧之美，给人带来一种虚幻感，从而营造出一个梦境般的世界。直到18世纪，欧洲人才真正拥有了自己的瓷器。这种独特的美感大大激发了艺术家丰富的想象力，这也正是中国陶瓷能在欧洲市场独领风骚的重要原因。另一方面，源于自然的陶土，加上精巧的工艺及单纯朴素的造型，给人的心灵带来一种人性的享受。这种材质的独特性很好地体现了中国形式美学的气韵之美，同时也恰好体现了自然美和艺术美的相互融合。自然与艺术的关系一直是欧洲艺术家关注的焦点之一，中国的陶瓷艺术像其他中国艺术一样，带来一种处理这种关系的思维方式，给西方艺术家开拓了艺术领域的空间。

而在画面装饰方面，中国陶瓷的装饰图案丰富多彩，题材广泛，人物、山水、花鸟应有尽有，手法多样，有国画风格、工笔风格等。中国陶瓷的装饰注重不着痕迹的天然美，不饰过多堆饰，有着"天然去雕饰"的品位，即中国美学精神的"妙造自然"，体现出一种动感十足的生命力，传达了对社会、人生无比热爱的精神。同时，中国陶瓷上的纹饰也是反映中国美学思想的主要表现之一。其中植物性的涡卷形图案以及动物如龙虎图案的曲线式装饰直接影响了欧洲的洛可可风格。可以想象，这些绘有中国风格图案的陶瓷输往西方市场，中国式的图案装饰一定是注重立体感、实景感的西方人震惊不已，最终导致了洛可可风格的出现。

清·乾隆 青花山水亭台楼阁纹盘

清·乾隆 粉彩山水纹盘

陶瓷的造型是由点、线、面组成的空间构架。在中国艺术的空间意识融入了时间的意象，打破了时间的限制；而西方艺术总体而言讲究透视法，在平面上绘出逼真的空间，是艺术与科学结合的空间。而中国艺术讲究境界，艺术意象立在"六合之表"，落在"四时之外"。中国陶瓷的艺术造型传达的是中国文化中的宇宙精神观。它注重点、线、面的完美融合，营造一个神采飞扬、上天入地的境界，时间与空间同时存在，汇聚成形而上的精神感受。

欧洲艺术的传统向来注重具象思维，而中国陶瓷从本质上说是一种抽象性的艺术。当它传入西方时，观众面对新的抽象思维冲击时，他们的茫然可想而知。中国陶瓷在纹饰与造型等方面已简约到接近点、线、面的抽象形式，而这种近乎纯抽象的艺术进入当时以具象艺术为主的欧洲，必定会产生强烈的碰撞。这种形式上的视觉冲击和艺术思维上的强烈碰撞产生了新的观点，向当时盛行的艺术样式展开了无形的挑战，其最终结果导致了艺术风格的变动。

与中国陶瓷的形式美一起呈现在欧洲社会的还有中国陶瓷所蕴含的独特的思想美学。不管是中国陶瓷的造型、质地，还是纹饰都吸收了中国传统文化中最根本的思想精神，也就是儒家的"礼"、道家的"重己役物"，以及释家的"人生妙悟"。

儒家因"克己复礼为仁"而崇尚"礼",所以审美标准以"礼"为标准,以"仁"为思想指导。表现在工艺器物的设计造型上,通常采用既节制又务实,同时闪耀着浓厚的人文精神的形式。儒家以礼求仁,延伸其意义,即以人为主体而存在。中国陶瓷吸收了这种美学思想,使陶瓷具有了实用性的世俗美,同时由于人性的光环映照,从而使得中国陶瓷情致盎然,并拥有了丰富的内涵。而道家强调"无为而无不为",作为最高理念的"道"是道家所追求的最高境界。因而,"技近乎道"是道家对技艺的思想要求,工艺创造只有到了浑然天成,丝毫不着痕迹的境地才算"大巧若拙"。因此中国陶瓷追求造型及纹饰色调、构图等的和谐统一,合而不露,力求一种艺术的自然美,及在有限中透出无限的意境美。而释家的思想精神则又给中国陶瓷艺术注入了另一特色——空灵精微、典雅幽远。释家追寻生命的永恒性,有限中求无限,瞬间中求永恒,强调空幻、短暂、寂灭,中国陶瓷既有镜中花、水中月的空幻美,同时也又充满了现实生活的生命精神。总之,中国陶瓷艺术是在儒释道三教合一的美学思想下产生,又从日用经验过程中超脱而出,以人为主体,以艺术的方式传达生命精神境界的载体。

艺术上的变化必然影响到现实的生活。中国瓷器对欧洲宫廷生活及其建筑装饰产生了巨大影响。几乎每个欧洲国家的帝王、王后都搜集、收藏中国瓷器的精品。世界上搜集中国陶瓷最多的帝王就是法国的路易十四、路易十五。路易十四在凡尔赛宫内修建了托里阿诺宫,宫内陈列的大量中国青花瓷器和以蓝、白为基调的宫殿建筑风格相协调,被称为是"瓷器的托里阿诺宫"。路易十五的宠姬蓬芭杜夫人是洛可可风格的倡导者,人称"洛可可的母亲"。她的个人趣味影响了法国社会生活的方方面面,时尚、艺术、建筑、宫廷礼仪都以她为标准,她本人居住的小特里亚农宫,就是洛可可建筑的范本。

蓬芭杜夫人对中国瓷器十分喜爱,于是建立了赛夫勒瓷器厂,重视并亲自督导瓷器的生产,精心挑选瓷器的纹样,由多西亚出口到法国的瓷器上也出现了法国宫廷艺术家根据蓬芭杜夫人的需要而设计的图案。这些图案大量地采用和借鉴中国瓷器图案并逐渐地形成了独特的被后人称为"蓬芭杜纹饰"的风格。这些"蓬芭杜装饰"图案主要是在瓷罐的盖和上部描绘五彩鲜艳的花朵，下部描绘法国式花卉图案或金色图案，手法写实、生动活泼，也从侧面反映了这位平民家庭出身的贵夫人的性格。在蓬芭杜夫人的推动下，华丽雕琢、纤巧烦琐的十分女性化的艺术形式——洛可可艺术得以流行，17世纪太阳王照耀下有盛世气象的雕刻风格，被18世纪这位贵妇纤纤细手摩挲得分外柔美媚人。

随着中国对欧洲的陶瓷贸易不断扩大，瓷器那种光洁莹润的质感、流畅写意的线条、中国式绘画图案都大大刺激了西方艺术家的创作灵感，使他们感受到了一种与中世纪呆板严肃模式完全不同类型的艺术风格，引得西方艺术家纷纷模仿中国风格。从绘画这个侧面，我们也可以看到中国陶瓷对当时洛可可艺术风格的影响。洛

法国 蓬芭杜纹饰瓷器

可可风格的绘画作品，在选色上都喜用淡雅的白色和闪烁的金色，崇尚蓝、黄色调和温润的光泽。洛可可绘画的艺术氛围轻淡柔和，轻松惬意，这都是从中国瓷器的色彩中汲取的灵感。其中，让安东尼·华托、弗朗索瓦·布歇都是洛可可绘画的主要代表人物。华托在1717年为学院创作完成的油画《发舟西苔岛》的作品中采用了在当时具有革命性的用色，流畅的、经稀释的颜料，透明的用色技巧让观者在看过之后，不得不联想起中国陶瓷特有的那种晶莹剔透的感觉。著名的评论家雷文也曾撰文指出，华托的《发舟西苔岛》风格与中国山水画极其相似。

布歇绘制的《中国皇帝上朝》《中国捕鱼风光》《中国花园》和《中国集市》这四件油画，在画面上模仿中国的古建筑、花园、庭院、人物等，其中还出现了大量写实的中国物品，比如青花瓷器、花篮、团扇等。画家本人并没有到过中国，因此画中的形象有的是合乎实际的，有的则纯粹出自他的臆想，画家努力揣摩东方艺术的风韵，从其大胆的表现手法、追求浪漫情调的风格，我们不难看出他广泛借鉴了中国青花瓷画的表现手法。

在中国璀璨而又漫长的制瓷历史中，青花瓷器长期占据了"主角"的地位，它是中国人发明、中国人生产的，因而是中国陶瓷发展史上的一朵绚丽奇葩，也是世界艺术宝库中一颗璀璨明珠。中国瓷器对洛可可风格的影响以青花瓷器艺术最显著。

德国海德堡博物馆馆长符可思博士在其《中国风》一文中指出，中国瓷器对"洛可可"风格的影响是十分明显的，其大致表现在四个方面：①气氛轻松、自由（这是景德镇明末青花瓷中常体现出的感觉）；②不规则的线条追求类似景德镇青花瓷的随意性；③画花边、图案的边脚装饰，这是从中国瓷器中所学到的；④用线时追求写意性，这是欧洲历史上没有过的，也是受景德镇明末青花瓷的影响。欧洲的美术以写实为主，注重物象形式美的表现。欧洲人一向侧重于物体的具体比例，追求均衡完美的构图和规范准确的素描，强调轮廓感、几何学的严谨风格。在洛可可建

法国 布歇 《中国皇帝上朝》　　　　　　　法国 布歇 《中国捕鱼风光》

筑、室内装饰、家具制作、日常用品、瓷器、金银器等设计和装饰中，频繁地使用形态与方向多变的曲线、弧线。这种被普遍运用的优美曲线正是构成洛可可装饰的一个主题。这种洛可可艺术在用线上追求类似景德镇青花用线的随意性，一反传统的欧洲风格，这在欧洲历史上是前所未有的。

洛可可时代的总体艺术特征传达了 18 世纪的时代精神，即一种挣脱束缚，追求生活艺术的人生观念。正是由于中国陶瓷所潜藏的美学精神影响了洛可可风格，这种美学精神充满着人文意识，从而使得洛可可风格显示出对现世人生的积极追求，以及对日常生活的深切关注。洛可可风格显示了人类追求人性愉悦的意识，他创造了"一个想象中的光明、空想、精致、娴雅和欢乐与自由的世界"。这种境界充分体现了人类摆脱世俗社会的束缚，试图进入受过文明过滤后的理想的自由王国的愿望。这是人类在追求解放自身的过程中的一种浪漫的表达方式。洛可可风格艺术所显示的人性美是不言而喻的，它的艺术精神是文艺复兴人文主义精神的延伸。就艺术本身而言，它是艺术发展史上不可或缺的重要阶段，就其反映的内容而言，它对后来的浪漫主义及人性价值的探寻起着奠基的作用。

洛可可艺术是新古典主义与启蒙思想相交杂的产物。一方面，新古典主义强调形式；另一方面，启蒙思想又赋予洛可可艺术以"人"的气息。而中国陶瓷的大规模输入，中国美学精神在西方仿制与模仿中国陶瓷过程中，在艺术家努力汲取灵感的过程中，已经加入了前两者的行列，参与了 18 世纪的伟大变动，深入洛可可风格的审美核心，即形而上的审美意识领域。这也正是中国陶瓷美学精神对西方洛可可艺术的影响真正意义所在。

清·康熙 青花花卉纹盘

下篇

陶瓷艺术鉴赏

APPRECIATION OF CERAMIC ART

托物言志——人物故事纹饰

人物故事纹饰是重要的陶瓷装饰纹饰，与中国传统绘画艺术之间有很大的联系，题材包括神话、科举、历史、高士、婴戏等类型。《饮流斋说瓷》云："瓷品之画，以绘人物为上，绘兽次之，花卉、山水又次之。"陶瓷上的人物纹饰最早可追溯到仰韶文化的彩陶。从元代开始，以人物为题材的陶瓷装饰纹样广泛发展，其中以戏剧故事、典故为多，神形兼备。明代人物故事纹饰，题材较前代有了很大的丰富，从高士图纹对文人雅士闲适恬淡的生活画面的展示，到神话纹对于长命百岁、得道修仙的世俗要求，到婴戏图纹对多子多福的追求，再到科举图纹对于功名利禄的渴望，都表达了人们对美好生活的向往。

神话人物图多为佛、道等宗教人物，如和合二仙、刘海戏蟾、福禄寿、八仙过海、麻姑祝寿等，对于人们获得心理上的解脱和抚慰意义重大。科举人物故事题材，如青云直上图、望子成龙图、课子图、魁星图、折桂图、报捷图等，展现了文人的精神追求。而历史故事图多出自历史小说和戏曲，如《三国演义》《水浒传》《封神演义》等。高士图则以席地坐饮清谈的人物最为常见，在高士图纹中最负盛名的当属"四爱图"，即王羲之爱鹅、陶渊明爱菊、周敦颐爱莲、林和靖爱鹤。而"携琴访友"纹则表现的是伯牙携琴访子期这一情节。常见的婴戏图案有戏莲、蹴鞠、放纸鸢、戏蝶、传胪、折桂、对弈等。

◎ 《西厢记》

《西厢记》全名《崔莺莺待月西厢记》，是元代王实甫创作的杂剧，故事源于唐代元稹的传奇小说《莺莺传》。全剧叙写了书生张生与相国小姐崔莺莺在侍女红娘的帮助下，冲破孙飞虎、崔母、郑恒等人的重重阻挠，终成眷属的故事。古时瓷器作品崇尚以历朝戏曲故事版画为本，明清之际通俗文学盛行，除小说创作活跃外，杂剧《西厢记》逐渐风靡一时成为社会各阶层喜爱的畅销书。受《西厢记》绣像的影响，明末清初以《西厢记》故事为主题纹饰的瓷器也很流行。

明代嘉靖、万历之际，江南一带手工业快速发展，商品经济的繁荣推动了出版业的壮大。为迎合市民阶层日益增长的文化需求，各地书坊刊刻发行了大量带有精美插图的书籍，最多的当属戏曲、小说。而景德镇离明代版画出版中心之一的徽州距离较近，很容易受其影响。明末，窑厂画工们为顺应市民阶层的审美趣味，开始尝试在瓷器上临摹插图本戏曲、小说书籍中的人物故事图案。这类瓷器推向市场后，大受欢迎。于是戏曲、小说人物故事纹饰越来越多，蔚为风尚。瓷绘《西厢记》图案应该就是在这样的大背景下产生的。17世纪上半叶，英国曾向中国订制一批瓷器，图案要求以人物仕女为主，有故事情节者更佳。于是景德镇特意烧制了以《西厢记》故事为图案的青花盘和瓶，结果运去后大受欢迎。中国古典戏剧名著《西厢记》的情爱故事通过瓷器为欧洲人所了解的。《西厢记》自元代诞生以后，深受社会各阶层喜爱，以它为蓝本的各种地方戏曲久演不衰，传播范围甚广，可谓家喻户晓。有关《西厢记》的美术创作广见于版刻书籍、年画、瓷绘、雕刻等，为广大民众所喜闻乐见。民间结婚娶嫁的时候会祝愿男子未来有好的成就，祝夫妻彼此忠贞不渝、天长地久，自元代还出现了《西厢记》题材的器物，体现对美好爱情的向往。

清·康熙 青花西厢记人物故事图碗
口径：21厘米，高：10厘米

清·康熙 青花西厢记人物故事图盘
口径:22.5厘米,高:3厘米

清·康熙 青花西厢记人物故事图盘
口径：23厘米，高：3厘米

清·康熙 青花西厢记人物故事图盘
口径：23厘米，高：3厘米

清·康熙 青花西厢记人物故事图盘
口径：25厘米，高：4厘米

清·康熙 青花西厢记人物故事图盘
口径：24厘米，高：4厘米

清·乾隆 青花粉彩西厢记人物故事图长盘

长：33厘米，宽：24厘米，高：3.5厘米

清·乾隆 青花粉彩西厢记故事图花口盘　　　　**清·乾隆 青花粉彩西厢记故事图八方盘**

口径：23厘米，高：4厘米　　　　　　　　　　　口径：23厘米，高：3厘米

清·道光 矾红描金花卉开光西厢记人物故事图棒槌瓶
腹径：18 厘米，高：39 厘米

清·同治 广彩西厢记人物故事图盘
口径：25 厘米，高：4 厘米
对外经贸博物馆藏
矫克华、李梅夫妇捐赠

清·道光 广彩西厢记人物故事图盘
口径：25 厘米，高：4 厘米

清·道光 广彩西厢记人物故事图盘
口径：25 厘米，高：4 厘米
对外经贸博物馆藏
矫克华、李梅夫妇捐赠

◎ 蟾宫折桂

折：摘取；桂：桂树的枝条。因桂树叶碧绿油润，我国古代把夺冠登科比喻成折桂，古时科举考试正处在秋季，恰逢桂花开的时候，故借喻高中进士。《晋书·郤诜传》："武帝于东堂会送，问诜曰：'卿自以为何如？'诜对曰：'臣举贤良对策，为天下第一，犹桂林之一枝，昆山之片玉。'"这便是"蟾宫折桂"的出处。

汉晋以后，月中桂树的传说盛行，《太平御览》引《淮南子》云："月中有桂树。"到了唐代，段成式《酉阳杂俎》中的记载则进一步演绎出吴刚砍桂的神话。关于月中桂树的传奇故事被古人演绎附会得五花八门，尤其以唐宋两代为盛。月中桂树又被命名为娑罗树、骞树，月中桂树的果实每年四五月后飘落人间，称"月中桂子"。反映了古人对月中桂树的确深信不疑，文人学士每当中秋望月，吟诗作赋，都把月中桂树、桂子作为常用的典故。因有月中桂树的传说，所以人们又称月亮为"桂月""桂宫""桂窟""桂轮"等。在中国封建社会科举场，每年秋闱大比刚好在八月，所以人们将科举应试得中者称为"月中折桂"或"蟾宫折桂"。

清·包栋 《折桂图》

清·顺治 五彩折桂图将军罐（清末民初后加彩）
腹径：27 厘米，高：45 厘米

此罐外壁以青花五彩为饰，折桂图为主题纹饰，间饰回纹、几何纹与折枝寿桃纹。罐腹分绘蟾宫折桂、仕女、婴戏，青花点染圆月、夜空，五彩描绘庭院人物。构图疏密有致，人物神态各异，施彩艳丽。细审其彩绘，应为清末民初后加彩绘制，其人物开脸、笔法及彩质特征均具有后加彩的风貌。此类器物造型因宝珠顶高圆盖形似将军盔帽而名为"将军罐"，清早期颇为盛行。

清·光绪 黄地素三彩竹林七贤图盘

口径：40厘米，高：6厘米

此盘撇口，弧腹，圈足。内口沿锦地开光饰杂宝纹，盘心黄地素三彩满绘竹林七贤图，画面中七位贤士在一片茂密的山石竹林前下棋、喝酒、赏景、交谈，一位侍童双手端着酒壶在旁边服侍。他们神态各异，或面带笑容，或低头沉思，或驻足远眺。画面笔触细腻，极富层次韵律，画工色调一流。

魏晋时期天下动乱，民不聊生，官场黑暗腐败，奢侈之风盛行。痛苦的现实世界使一些有识之人看透了官场，他们不愿做官，宁愿隐居山林，与青山绿水为伴，超脱尘世的羁绊。其中的代表人物就是嵇康、阮籍、向秀、刘伶、阮咸、山涛、王戎这七个人。他们经常在山中的一片竹林里喝酒、弹唱、下棋、聊天，超然物外，风雅之气很浓，因此被世人称作"竹林七贤"。"竹林七贤"是魏晋时期的精神领袖。

清·光绪 哥釉五彩加官进爵图盖罐
腹径：25厘米，高：32厘米

清·乾隆 粉彩麻姑献寿图花口盘
口径：24厘米，高：3厘米

  此盘花口，宽折沿，弧形浅腹，大平底，浅圈足，足端尖弧状。盘宽折沿位置绘四时花卉图案，盘心绘麻姑献寿主体纹饰，图中麻姑身着彩衣，衣纹褶皱清晰，右手扶竹竿，左手持灵芝，肩担花篮，花篮内装满寿桃；旁边一侍女手提花篮，篮内装满桃子，侍女身后有一只梅花鹿，前蹄抬起，似奔跑状。远处松树挺拔，一只仙鹤立于枝头，一只在空中飞舞。画面生动自然，笔触细腻。此盘色泽艳丽、明快，极富层次韵律，画工一流，反映出当时工匠高超的绘画技艺。

  麻姑又称寿仙娘娘、虚寂冲应真人，是中国民间信仰的女神，属于道教人物。据《神仙传》记载，其为女性，修道于牟州东南姑馀山，中国东汉时应仙人王方平之召降于蔡经家，年十八九，貌美，自谓"已见东海三次变为桑田"，故古时常以麻姑比喻高寿。又流传有三月三日西王母寿辰，麻姑于绛珠河边以灵芝酿酒祝寿的故事。过去中国民间为女性祝寿多赠麻姑像，取名麻姑献寿。

清·光绪 粉彩人物故事图兽耳盘口瓶

腹径:25厘米,高:60厘米

清·康熙 五彩麒麟送子图罐
腹径：24 厘米，高：32 厘米

清·康熙 五彩人物故事图碗
口径：21 厘米，高：10 厘米

清·光绪 五彩人物故事图盘
口径：35 厘米，高：5 厘米

清·乾隆 广彩人物故事图大碗
口径：29 厘米，高：12 厘米
对外经贸博物馆藏
矫克华、李梅夫妇捐赠

清·康熙 矾红描金郭子仪遇仙人图盘
口径：23 厘米，高：3 厘米

清·同治 哥釉粉彩人物故事图将军罐
腹径：26 厘米，高：45 厘米
对外经贸博物馆藏
矫克华、李梅夫妇捐赠

清·咸丰 广彩蓝地开光人物故事图棒槌瓶
腹径：16.5 厘米，高：36 厘米
对外经贸博物馆藏
矫克华、李梅夫妇捐赠

清·同治 粉彩郭子仪遇仙人图折沿盘
口径：29 厘米，高：19 厘米

清·同治 广彩无双谱人物故事图盘
口径：24.5厘米，高：4厘米

清·同治 广彩无双谱人物故事图盘
口径：24厘米，高：4厘米

清·咸丰 蓝地花卉开光广彩人物故事图兽耳撇口地瓶

腹径：35厘米，高：80厘米

清·同治 广彩无双谱人物故事图盘
口径：25 厘米，高：4 厘米

清·道光 广彩人物故事图盘
口径：24 厘米，高：3.5 厘米

清·光绪 粉彩人物故事图将军罐
腹径：23 厘米，高：40 厘米

清·乾隆 广彩合家欢人物故事图碗
口径：27厘米，高：12厘米

清·光绪 粉彩人物故事图碗
口径：25厘米，高：13厘米

清·光绪 广彩开光花鸟人物故事图地瓶
腹径：35.5 厘米，高：89 厘米
对外经贸博物馆藏
矫克华、李梅夫妇捐赠

　　此瓶撇口，长颈，溜肩，鼓腹，腹下部渐收，圈足。颈部装饰一对描金兽耳，肩部堆塑描金螭龙纹，口沿位置绘金地开光花卉纹饰。颈部绘人物故事图案，肩部开光绘花鸟蝴蝶纹饰。腹部上下两层开光绘雉鸡牡丹、蝴蝶花卉、人物故事纹饰。开光间隔位置金地彩绘折枝牡丹、蝴蝶纹，不露瓷底。此瓶体型硕大，端庄大器，构图饱满，色彩艳丽，是晚清广彩中的精品之作。

清·道光 广彩花卉开光郭子仪拜寿图螭龙耳地瓶

腹径：38 厘米，高：86 厘米

清·光绪 广彩开光人物故事图螭龙耳盘口瓶
腹径：24厘米，高：62厘米

清·光绪 素三彩花卉人物纹福字执壶

宽:24厘米,高:24厘米

清·同治 粉彩花卉开光人物故事图长颈瓶
腹径：25 厘米，高：60 厘米

清·咸丰 广彩锦地开光人物故事图瓶（一对）

腹径：19 厘米，高：34 厘米

清·光绪 粉彩人物故事图观音瓶（一对）
腹径：19厘米，高：45厘米

清·光绪 粉彩人物故事图瓶
腹径:24厘米,高:60厘米

清·康熙 青花唐明皇游月宫图折沿洗
口径：42厘米，高：10厘米

唐明皇游月宫寓意中秋和美，国家安泰昌盛。

唐明皇游月宫，一方面，反映出在官方倡导、道教信仰的综合作用下，中秋赏月已经成为百姓生活的重要组成部分，因此相关题材的故事、传说备受青睐。另一方面，说明包括叶法善在内的诸多道教尊师，在维护国家稳定，关爱百姓福祉方面发挥了积极的作用，其匡国扶主、泽被苍生的形象深入人心，才令"唐王游月"被广为传颂。

清·康熙 青花人物故事图盘
口径：23.5厘米，高：3厘米

清·康熙 青花狩猎图花口盘
口径：23厘米，高：3厘米

清·康熙 青花相夫教子图盘
口径：24厘米，高：3厘米

清·康熙 青花相夫教子图盘
口径：24厘米，高：3厘米

其乐融融——满大人纹饰

"满大人"一词源于葡萄牙语 Mandarin 的译音，17 世纪初，葡萄牙人以此称呼中国清代一品至九品的官吏。17—18 世纪，一些来华画家画下在中国的所见所闻，其中有中国官员的工作生活。18 世纪时，欧洲的"中国热"引发了这类纹饰大受欢迎，每一幅"满大人"所代表的中国官员有着彬彬有礼的形象，如同中国仕官家庭的"生活照""全家福"充满富足、温馨、和平、享乐，表达出一种西式的浪漫情调。中国外销欧洲瓷器上的"满大人"纹饰就是欧洲来华商人、艺术家，顺应欧洲人了解中国的需求，从他们自己的角度观察中国、描绘中国、报道中国的一种艺术形式。

同时，17—18 世纪，欧洲各国宗教和艺术呈现多元化局面，该纹饰表现出的轻松欢愉、休闲享乐的官宦生活气息，与这一时期欧洲洛可可所追求的生活风尚相契合。当时在摄影技术尚未发明之前，这是西方人研究记录中国与西方文化交流不可多得的历史珍贵史料。

清·乾隆 广彩花卉开光满大人图执壶
腹径：14 厘米，高：19.5 厘米
对外经贸博物馆藏
矫克华、李梅夫妇捐赠

此执壶圆口，直流，耳形把，鼓腹，圈足。宝珠钮半圆盖，盖沿外撇。通体施白釉，釉汁肥厚莹润。外壁以广彩开光绘人物故事纹饰。所绘人物，姿态各异，笔触细腻，生动传神，可见匠人画工之精湛。整器色彩浓艳热烈，勾线天色自然，画面整体构图饱满，绘画灵动，是一件清代广彩精品瓷器。

清·乾隆 广彩花卉开光满大人图扁瓶
腹径:12厘米,高:30厘米

清·乾隆 广彩开光满大人图潘趣碗
口径：25 厘米，高：11 厘米
对外经贸博物馆藏
矫克华、李梅夫妇捐赠

清·乾隆 广彩开光满大人图潘趣碗
口径：26厘米，高：11厘米
对外经贸博物馆藏
矫克华、李梅夫妇捐赠

清·乾隆 广彩锦地开光满大人图潘趣碗
口径：28厘米，高：12厘米
对外经贸博物馆藏
矫克华、李梅夫妇捐赠

端庄娴雅——仕女纹饰

"仕女"即古代官宦人家的女子。仕女纹饰是瓷器装饰的典型纹样之一,主要描绘了古代"仕女"的生活。仕女纹饰的题材、技法、衬景,多参照中国传统人物画中的"仕女画"。

仕女纹作为一种装饰纹样在中国传统艺术中出现较早,而作为瓷器的装饰题材,最早见于唐代长沙窑瓷器,至宋元时期仍较为罕见。明代,仕女纹成为瓷器上较为流行的装饰图案,其描绘的仕女以贵族美女为多,虽画工不甚精细,但着重体现女子恬淡闲适的姿态,颇有古意。清代,仕女纹非常盛行,不仅有中国美女,而且还有西方美女,不少官窑瓷器,还运用了透视技法。清代仕女纹瓷,康熙朝以青花、五彩居多,雍正朝以粉彩居多,乾隆朝以珐琅彩居多,画工精细优良,色彩丰富艳丽,非常美观。

仕女纹的内容十分丰富,作为不同时代的生活缩影,承载着深厚的中国传统文化内涵与积淀。仕女纹中的女性大多美貌靓丽、端庄悠娴,她们执扇、游园、乘凉、戏婴等,或行,或坐,或卧,或立,眉眼举止处处体现出传统女子的柔静,折射出古代女性的生活状态、艺术品位与精神追求,传达出不同境遇下女子的生活情趣与精神追求。

清·康熙 青花仕女图花口盘

口径：19厘米，高：4厘米

清·冷枚 《雪艳图》

清·咸丰 粉彩蓝地开光仕女图棒槌瓶
腹径:16.5厘米,高:36厘米

清·光绪 粉彩仕女图折沿盆
口径：30 厘米，高：20 厘米

清·康熙 矾红描金仕女图花口盘
口径：29 厘米，高：4 厘米

多子多福——婴戏纹饰

婴，原指初生女孩。《仓颉篇》将之释为："男曰儿，女曰婴。"后泛指初生儿。婴戏纹是瓷器装饰的传统纹样之一，以儿童游戏为装饰题材，又称婴戏图，或耍娃娃。婴戏纹的常见题材有戏莲、蹴鞠、放纸鸢、戏蝶、传胪、折桂、对弈等，以活泼的姿态、典雅的气韵和雅俗共赏的审美趣味，真实地表现了当时的儿童生活及社会文化，为我们勾勒出一个天真和乐的童趣世界。婴戏纹表达了人们对多子多福的美好愿望，也隐含着对高官厚禄的期盼与向往，是中国人趋吉求福质朴愿望的体现。

婴戏题材萌芽于战国，作为瓷器上的装饰，始见于唐代长沙窑。宋元时期，磁州窑、耀州窑、定窑、介休窑、景德镇窑等都曾用婴戏纹作为装饰，其中又以磁州窑瓷枕上所描绘的儿童形象最为传神。明清两代，婴戏纹在瓷器纹饰中达到顶峰，题材上层出不穷，画面也更加丰富多彩，从简单的一两个幼童形象发展到百余个幼童，幼童神态各异，寓意连生贵子、五子登科、百子千孙的图案，成为常见的装饰图案。《饮流斋说瓷》云："绘小儿游戏之画亦自明始，谓之耍娃娃，有五子，有八子，有九子，有十六子，有百子，百子之制，道光时尤为盛行。"

清·光绪 粉彩婴戏图兽耳撇口瓶
腹径:25厘米,高:60厘米

清·光绪 粉彩百子闹春图盘

口径：34厘米，高：4厘米

清·同治 青花婴戏图盘
口径：25.5 厘米，高：3 厘米
对外经贸博物馆藏
矫克华、李梅夫妇捐赠

清·同治 广彩花卉锦地开光婴戏图六棱香盒
长：20 厘米，宽：8 厘米，高：4.5 厘米
对外经贸博物馆藏
矫克华、李梅夫妇捐赠

清·光绪 青花五彩婴戏纹罐
腹径：26厘米，高：28厘米

金戈铁马——刀马人物纹饰

刀马人物纹饰，是一种传统瓷器装饰纹样，主要描绘战争或习武场面的人物、坐骑、弓刀。题材多为戏曲小说和历史战争故事，如《隋唐演义》《杨家将》《岳飞传》《三国演义》《水浒传》等的战争故事情节。刀马人物纹大都画面充实、饱满，人物形象生动，描摹精细，营造的场景气势宏大，洋溢着昂扬向上的蓬勃生机，凝聚着深厚的历史文化底蕴。刀马人物纹是对当时社会风俗中"尚武精神"的集中反映，也是中华民族特有的文化形式与艺术风格。

刀马人物纹源于元代，兴于明末清初，盛于康熙时期，至雍正、乾隆时逐渐衰落。这既反映了风俗流变对瓷器纹饰题材的影响，也再一次印证了"盖瓷虽小道，而于国运世变亦隐隐相关焉"。刀马人物纹分为两种基本类型。一种是直接绘制战争的场面，有敌我双方交战、打斗、拼杀的情节。而另外一种虽不直接描绘战争的场景和打斗的情节，但所绘人物形象不是身着戎装的军人，就是孔武有力、手持兵器的武士。

刀马人纹饰瓷器不但在国内受到民众的喜爱，还受到欧洲人的热捧。《饮流斋说瓷》记载："绘战争故事者，谓之刀马人，无论明清瓷品，皆极为西人所嗜。"

清·咸丰 哥釉铁锈粉彩刀马人物故事图瓶（一对）
腹径：21.5 厘米，高：45 厘米

  此对瓶撇口，长颈，溜肩，筒腹，腹下部渐收，圈足。颈部装饰一对兽耳，肩部堆塑铁花螭龙纹，形象生动逼真。长颈和腹部满饰刀马人物故事图案。画面中绘有武将、士兵，手持兵器冲锋陷阵，情节丰富，笔触细腻，人物表情及服饰纹理皆生动细致，形象逼真。人物形神俱佳，笔法古拙，颇具意趣。瓶内外施哥釉，遍体满布冰裂纹，纹路迂回交错，错落有致，尽显哥釉古雅之气。肩部和底足位置铁锈开光，内绘折枝花卉图案，更添古意。此对瓶颜色艳丽，主次分明，具有炫彩华美、富丽堂皇的装饰效果；体形硕大，端庄大器，构图饱满，是晚清广彩瓷中的精品之作。

清·同治 粉彩花卉开光刀马人物图瓶
腹径：17 厘米，高：33 厘米

清·光绪 墨地粉彩开光刀马人物故事图大缸
口径：40厘米，高：35厘米

清·康熙 青花刀马人物故事图花口盘
口径：24 厘米，高：4.5 厘米

清·光绪 粉彩刀马人物故事图盘
口径：47.5 厘米，高：7 厘米
对外经贸博物馆藏
矫克华、李梅夫妇捐赠

慈母严师——课子纹饰

慈母课子纹饰是中国传统瓷器装饰图案,所谓慈母课子,就是表现家庭课子与教子的主题,其中以女性与婴孩组合的课子图最为常见。古人认为,家庭教育对于子女的意义非凡,课子图纹不仅在一定程度上反映了当时人们的家庭教育观念,同时也从侧面体现了这一时期的政治制度、思想文化及审美取向。

元代以前的仕女图与婴戏图几乎是单独存在的。从元代开始,清晰的仕女与儿童共画的教子图像出现。明晚期教子图的数量开始增多,题材也更加广泛,其中不仅有庭院和郊外仕女陪伴儿童、"课子折桂"之景,还出现了"携子同游与子同乐"的画面。清代课子图相较于明代,又有了进一步的发展,不仅在青花瓷器中含有丰富的课子图纹饰,随着制瓷工艺的改进,各类彩瓷中的教子图也不断增多,并逐渐取代青花而占据了主导地位,呈现出细腻华丽之态。

慈母课子纹饰,表达了人们对美好生活的憧憬,对功名的向往与追求,一定程度上受到了民间审美趣味的影响,具有文与野、雅与俗的艺术特点。

康熙时期的瓷器素以精细文雅著称，故在器型的表现中也极尽轻巧俊秀、工丽妩媚之貌，这一时期的瓷器在造型上有别于顺治的古拙板硬之风，多注重器物外形的曲线之美，而教子图的载体类型也十分丰富，主要有盘类、罐类、瓶类、杯类等。在瓷器画面上展现教子图，则是以五彩、粉彩来表现，按其场景划分，主要有庭院与室内两种类型。其中在庭院场景中仍以传统的山石植物等表现，而在室内场景中的教子图纹饰，背景多用日用陈设，根据画面中仕女与孩童的具体活动可将教子图分为仕女婴戏、课子读书、教子折桂三类，其中课子读书题材多为室内场景，教子折桂多为庭院场景，而在仕女婴戏的画面中，既有室内情节的描绘，又有庭院场景的表现。

康熙时期教子图之所以如此流行，乃是因为康熙时期的粉彩瓷教子图，主要受到了宫廷院画与文人画的影响，呈现出"粉润清雅，工致殊常"以及书卷意蕴浓厚的艺术特点，而此时受"内廷恭造之式"的影响，官窑瓷器中的粉彩教子图亦十分文雅，并具有明显的中国书卷气息，外加西方绘画艺术的影响，教子图这种美好的纹饰在康熙朝自然就流行起来了。

陶瓷教子图中的课子读书题材，主要表现了妇人日常教子读书的情景，仕女端坐或站立持书指点、管束孩童，儿童则嬉戏、执书环绕张望仕女，整个题材中的课子读书意味十分明确，反映了当时人们真实的课子生活与家庭教育状况。陶瓷中的教子折桂纹饰主要源自《晋书》"蟾宫折桂"的典故，象征"今日膝下小儿，明朝登科及第"的美好寓意，表现了人们对于平安富贵生活的向往与孩童金榜题名的祝愿。

清·康熙 青花慈母课子图花口盘
口径：18.5 厘米，高：5 厘米

　　此盘花口，宽折沿，深弧腹，平底，浅圈足。折沿处开光绘仕女花卉图案，盘心绘教子折桂纹饰，母亲手持花枝，孩子在旁边嬉笑玩耍，一幅其乐融融、母子情深的场景。欧洲人在盘口加装了金属把手，增加其使用功能，是一件中西文化结合的精品。

清·乾隆 广彩慈母课子图将军罐
腹径：9.5厘米，高：22.5厘米
对外经贸博物馆藏
矫克华、李梅夫妇捐赠

清·乾隆 粉彩慈母课子图盘
口径：23 厘米，高：3 厘米
对外经贸博物馆藏
矫克华、李梅夫妇捐赠

清·乾隆 广彩开光慈母课子图执壶
腹径：11 厘米，高：13 厘米

清·康熙 青花慈母课子图碟

口径：10 厘米，高：2 厘米

清·乾隆 广彩慈母课子图八方长盘

长：45 厘米，宽：37 厘米，高：4.5 厘米

清·王承勋 《教子图》

百花献瑞——传统花卉纹饰

中国文化中自古就有爱花的传统。关于花的典故，诸如陶渊明"采菊东篱下"、杜甫"感时花溅泪"、林和靖梅妻鹤子等不胜枚举，同时，人们还以"锦上添花""花好月圆""花容月貌"等带"花"的成语来形容美好的事物。人们对花的喜爱不仅是因为其美丽的外形，还在于花卉被赋予的精神文化内涵，如牡丹雍容华贵，常被视为吉祥富贵的象征；而荷花则象征高雅脱俗；等等。把转瞬即逝的花卉融入变幻的釉色与高雅的陶瓷器型中，一直贯穿于中国陶瓷艺术发展的整个过程。

中国的花卉纹饰历史悠久，运用在陶瓷上已有数千年的历史，早在马家窑文化的彩陶上就装饰着粗犷古朴的花叶纹。东汉时瓷器烧制成功，花卉纹饰又自然地出现在瓷器上。中国的传统花卉纹饰蕴涵着中华民族古老的文化精神和审美心理。无论是宋代的刻瓷，元代的青花瓷，明代的五彩瓷，清代的粉彩瓷，都可以看到纹饰的艺术魅力。通过这些纹饰，不仅可以看出不同时期的工艺水平、审美倾向，也可以看出不同时期的风俗习惯。中国传统花卉纹饰既代表了中华民族的悠久历史，也是世界文化艺术宝库中的巨大财富。

菊花纹饰是中国传统儒家文化"君子之花"审美寓意纹样，菊花是中国十大传统名花之一，在古代又名节华、更生、金蕊、周盈等。菊花一名，最早见于《周礼·秋官》。《礼记·月令》："季秋之月，菊有黄华。"菊花还被看作花群之中的"隐逸者"，有隐士的寓意，也是斗士的象征，并赞它风劲斋逾远，霜寒色更鲜，故常喻为君子，是中国儒家比德文化理念的体现。菊花在中国道家文化意义中还是高洁、品格正直不屈的象征，与其他音韵相同的花草、物象以及文字等相搭配，组成种种内涵丰富的"吉祥语"图案，表达吉祥长寿，因此菊花文化在中国传统儒道文化中有着极其重要的地位与价值。

牡丹纹是中国儒家文化"比兴"审美思想典型的瓷器装饰纹样，牡丹素有"花中之王"的美誉，中国传统十大名花之一，自古以来就被视为繁荣昌盛、美好幸福的象征。牡丹被称为"富贵之花"成为瓷器上的流行装饰纹样，元、明、清三代牡丹纹久盛不衰，明代景德镇窑瓷器上的牡丹纹更丰富多彩，有折枝牡丹、缠枝牡丹等，图案精致，装饰效果强烈。牡丹雍容典雅、富贵祥和的形象代表美丽憧憬和美好愿景，寓意繁荣昌盛、兴旺发达。但牡丹之富贵出自苦寒，"富而无骄""贵而不挟"。人们对于牡丹的喜爱，还让牡丹花成为中华民族的精神和优秀品格的象征，也成为美的化身，有纯洁与爱情的象征意义。

元·沈孟坚 《蝴蝶牡丹图》局部

清·康熙 五彩花卉纹盘
口径：35 厘米，高：6 厘米

　　此盘撇口，深弧腹，平底，矮圈足。胎质洁白，釉色莹润。口沿描金，内口沿位置绘锦地花卉开光鱼藻纹饰，深弧腹位置满绘菊花、牡丹、花卉纹饰。花朵饱满，层次丰富。盘心双圈内绘蝴蝶牡丹图案，蝴蝶在牡丹丛中翩翩起舞，外围一圈锦地开光折枝花卉纹饰。画工精湛，色彩艳丽。

清·康熙 五彩花卉纹盘
口径：24 厘米，高：3.5 厘米

清·乾隆 粉彩描金松竹牡丹纹盘
口径：27 厘米，高：3.5 厘米

清·康熙 青花矾红描金富贵长寿纹汤盆

口径：23 厘米，通高：14 厘米

对外经贸博物馆藏

矫克华、李梅夫妇捐赠

　　此汤盆深弧腹，高圈足，圈足外撇。口沿位置对称饰灵芝形把手，半圆形盖，盖顶饰果实钮，盖钮四周一圈排气孔。此汤盆造型饱满，胎体厚重，胎质洁白，釉色莹润。整器以青花矾红描金装饰，盖面和深弧腹位置绘松树、洞石、竹子、牡丹、花卉组合纹饰。松树巍然繁茂，牡丹花型饱满，竹子挺拔秀美，格调明快，线条流畅自然，画工娴熟，纹饰层次丰富。

清·同治 矾红彩宝相花纹罐
腹径：25厘米，高：35厘米

清·雍正 粉彩牡丹花卉纹盘
口径：22.5厘米，高：3厘米

清·康熙 青花矾红描金花卉纹盘
口径：28厘米，高：3厘米

清·光绪 胭脂红地开光花卉纹盘

口径：33 厘米，高：7 厘米

清·雍正 粉彩双犄牡丹花卉纹盘
口径：23 厘米，高：3 厘米
对外经贸博物馆藏
矫克华、李梅夫妇捐赠

清·康熙 青花矾红描金花卉纹盘
口径：22 厘米，高：4 厘米
对外经贸博物馆藏
矫克华、李梅夫妇捐赠

清·乾隆 粉彩卷轴花卉纹八方盘
口径：22.5 厘米，高：2.5 厘米
对外经贸博物馆藏
矫克华、李梅夫妇捐赠

清·乾隆 胭脂红花卉纹盘
口径：22 厘米，高：2.5 厘米
对外经贸博物馆藏
矫克华、李梅夫妇捐赠

清·光绪 胭脂红地粉彩花卉纹盘
口径:38厘米,高:5厘米

清·雍正 粉彩牡丹花卉纹盘
口径：22 厘米，高：3 厘米

清·乾隆 青花粉彩描金花卉纹盘
口径：32 厘米，高：5.5 厘米

清·雍正 粉彩牡丹花卉纹盘
口径：23 厘米，高：3 厘米
对外经贸博物馆藏
矫克华、李梅夫妇捐赠

清·雍正 粉彩花卉纹盘
口径：22.5 厘米，高：2.5 厘米
对外经贸博物馆藏
矫克华、李梅夫妇捐赠

清·康熙 青花花卉纹瓜棱杯
口径：11 厘米，高：26 厘米

清·乾隆 青花花卉纹八方盘
口径：21.5厘米，高：4厘米
对外经贸博物馆藏
矫克华、李梅夫妇捐赠

清·乾隆 青花花卉纹花口盘
口径：23厘米，高：2.5厘米
对外经贸博物馆藏
矫克华、李梅夫妇捐赠

清·康熙 青花牡丹纹盘
口径：20.5厘米，高：3厘米
对外经贸博物馆藏
矫克华、李梅夫妇捐赠

清·乾隆 青花花卉纹椭圆盘

长：37 厘米，宽：30 厘米，高：3 厘米

清·乾隆 青花花卉纹盘

口径：20 厘米，高：2 厘米

对外经贸博物馆藏

矫克华、李梅夫妇捐赠

清·乾隆 青花花卉纹温盘

口径：23 厘米，高：4 厘米

清·乾隆 青花牡丹纹花口盘

口径：32厘米，高：4厘米

清·乾隆 青花洞石牡丹花卉纹盘
口径：22 厘米，高：3.5 厘米

清·乾隆 青花洞石牡丹花卉纹八方盘
口径：33 厘米，高：4 厘米

清·乾隆 青花牡丹花卉纹盘
口径：28 厘米，高：3.5 厘米

清·乾隆 青花庭院花卉纹沥水盘
口径：22 厘米，高：4 厘米

吉祥庆贺——花篮纹饰

花篮纹是我国一种极富特色的传统装饰纹样，有花卉品种繁多、满密簇拥的特点，有吉祥庆贺、富贵满堂的寓意。花篮纹饰集各种花卉于一身，百花齐放，生机勃勃，也是国泰民安的象征。花篮图始创于明代宣德，流行于嘉靖、万历，盛名于清代康熙，以民窑多见，常见有青花、五彩、粉彩等，绘画精细，构图饱满，吉祥喜庆。

同时，花篮还是道教"八仙"中蓝采和的法器，传说可吸尽海水，配以仙桃，有长寿的寓意。八仙，即中国民间传说中广为流传的道教八位神仙。运用到装饰纹样中，常隐去人物，只绘出八仙每人手中之物，俗称"暗八仙"。暗八仙图案分别为铁拐李的葫芦、汉钟离的宝扇、吕洞宾的宝剑、张果老的鱼鼓、曹国舅的玉板、韩湘子的紫箫、蓝采和的花篮及何仙姑的荷花。明清两代，八仙的故事流传极广，纹饰也为人们喜闻乐见，暗八仙纹饰始于康熙时，但传世品甚罕，雍正、乾隆时器物较多，并基本上贯穿整个清代。雍正官窑暗八仙纹饰见有粉彩、斗彩及青花器物。八仙和暗八仙作为中国传统纹样之一，共同表达了吉祥长寿的寓意。

宋·李嵩 《花篮图》局部

《花篮图》是宋代李嵩所作绢本设色画。李嵩的《花篮图》是一个系列，现存于世的有三幅，分为表现春、夏、冬三个季节的花卉作品。

中国人爱花，由来已久。到了宋代，赏花、插花更成为生活中的赏心乐事。当时在一般的酒楼、客栈、茶坊等地，时常可以见随四季变化的插花摆饰，到了春季，许多大都市的人们还争睹"蝴蝶会""万花会"等盛大的花会活动。民间如此，宫廷亦然，如画中这盆春意盎然的"花篮"，便由于它的主从分明、色彩鲜丽、枝繁叶茂、整体外形圆满丰盛，成为宋代宫廷流行的"篮花"中杰出的佳作。

清·康熙 五彩花篮开光四时花卉纹花口盘
口径：37厘米，高：5.5厘米

此盘花口，浅腹，圈底，胎质洁白，釉色莹润。内口沿位置绘锦地开光花果纹饰，浅弧腹位置，松石绿地开光绘四时花卉图案，盘内底绘花篮图案，花篮内插满牡丹、菊花、山茶、栀子、海棠、月季、芙蓉等。画工细腻，色彩明艳，花芯点描金彩，墨线勾描，刚挺有力，红、黄、紫、绿、蓝、黑、金七彩如云。专为西方定烧的外销瓷，精美无比，同样蕴含东方文化的瑞意：国色天香，繁花似锦，生生不息，富贵吉祥。

清·光绪 五彩百花献瑞图八方盘
口径：22.5 厘米，高：2.5 厘米
对外经贸博物馆藏
矫克华、李梅夫妇捐赠

清·康熙 青花矾红描金百花献瑞图盘
口径：23 厘米，高：2 厘米

清·康熙 青花矾红描金百花献瑞图盘
口径：22 厘米，高：3 厘米

清·康熙 青花矾红描金百花献瑞图盘
口径：28 厘米，高：3 厘米
对外经贸博物馆藏
矫克华、李梅夫妇捐赠

清·雍正 粉彩百花献瑞图盘
口径：23 厘米，高：2.5 厘米

清·光绪 粉彩百花献瑞图盘
口径：22 厘米，高：3.5 厘米

清·光绪 五彩锦地花卉开光百花献瑞图将军罐

腹径:20厘米,高:37厘米

　　此罐高圆盖宝珠钮,上饰松石绿地开光花卉纹饰。直口,丰肩,鼓腹,腹下渐收,底足外撇,整体造型线条优美。直口位置二方连续绘花卉纹饰,肩部锦地开光饰八宝纹饰,腹部满绘缠枝菊纹,中间两个对称矩形倭角开光,内绘花篮纹饰,花篮内插满牡丹、菊花、梅花、海棠等。整器绘工精湛,笔触细腻,色彩艳丽。

清·康熙 青花百花献瑞图盘
口径：23 厘米，高：3 厘米
对外经贸博物馆藏
矫克华、李梅夫妇捐赠

清·康熙 青花百花献瑞图盘
口径：22 厘米，高：3 厘米

清·康熙 青花百花献瑞图盘
口径：22 厘米，高：2.5 厘米

清·康熙 青花百花献瑞图盘
口径：22 厘米，高：2.5 厘米

追慕自然——山水纹饰

山水纹是中国陶瓷传统装饰纹样，源于山水画，画面多为山水乡居、田园风光、庭院小景、楼台亭阁等。在画风上，早期写意性比较强，明以后逐渐注重写实。山水纹用于陶瓷装饰，最早可追溯至唐代晚期的湖南长沙窑。至宋代，山水纹在磁州窑、景德镇窑、龙泉窑等瓷绘中均有出现，但多作为人物或动物的衬景。从元代开始，山水纹逐渐作为主题纹饰出现。独立意义的山水纹在明代瓷绘中发展起来，尤其是明代晚期，江西景德镇窑青花山水纹迅速发展，构图多样，笔法精妙，色分浓淡，既有版画的味道，又有文人画的气息，为清代山水纹饰的繁荣奠定了基础。至清代，山水纹饰的发展进入黄金时代，尤以康、雍、乾时期最为繁盛，技法博采众长、时代风格鲜明，呈现出迷人风采，具有极高欣赏价值。

山水纹饰"肇自然之性，成造化之功"，体现了人与自然的和谐统一，情与理的相互交融，是对"天人合一"思想的最好呈现。山水纹饰所蕴含的自由淡泊、欢愉自得的意境，闪耀着内化而自省的人文精神与生活气息。

康熙时期，社会稳定，文化昌盛，海外贸易繁荣，瓷业也获得大发展。青花山水纹，因采用云南珠明料绘制，发色艳丽青翠，色调莹澈明快，有"翠毛蓝""宝石蓝"等美誉。绘画技巧上有极大突破与发展，一方面表现为"分水"工艺精湛，即通过色调的浓淡变化，以一种青花色料绘出多种色阶，既突破了传统平涂的单调表达，又充分表现出景物的阴阳向背与远近疏密，故有"五彩青花"之美誉；另一方面表现为"斧劈皴"绘画技法的纯熟运用，这一时期的山石多采用此法绘制，层次丰富，结构分明，具有强烈的立体感，与传统水墨画"黑分五色"有着异曲同工之妙。

雍正时期，因皇帝的特殊品位与爱好，也促进了瓷绘艺术的新发展，出现了许多格调高雅、艺术品位极高的山水纹瓷器佳品。这一时期，除了青花外，还新增粉彩、墨彩与广彩山水纹，并以后三者为主导。

乾隆时期，国家强盛，疆域稳定，民族团结，瓷业发展达到了历史的巅峰。故具有文人气息的山水纹瓷器的生产得到高度重视，达到鼎盛。能工巧匠们生产了各类瓷绘山水纹瓷器，除了青花，流行粉彩、珐琅彩、墨彩、广彩、色釉描金等品种，真是无奇不有，瑰丽多彩。青花山水纹，仍采用浙料绘制，呈色纯正、鲜亮、稳定，纹饰层次清晰，重色者蓝中泛黑，亦颇具时代风采。

康、雍、乾三代的瓷绘山水纹，犹如瓷绘百花园中的一枝奇葩，绚丽多姿，令人赞叹。它代表着古代瓷绘山水纹艺术的最高峰，同时也对后世瓷绘山水纹艺术的发展产生了极其深远的影响。

清·袁耀 《骊山避暑图》屏（局部）

清·康熙 青花山水花鸟人物图花口碗
口径：21 厘米，高：10 厘米

清·乾隆 青花开光山水楼阁纹花口盘
口径：28厘米，高：3厘米
对外经贸博物馆藏
矫克华、李梅夫妇捐赠

清·乾隆 青花粉彩山水纹花口盘
口径：24厘米，高：3厘米
对外经贸博物馆藏
矫克华、李梅夫妇捐赠

清·乾隆 青花描金山水亭台楼阁纹执壶
腹径：12 厘米，高：19 厘米

清·乾隆 青花描金山水亭台楼阁纹执壶
腹径：13 厘米，高：14 厘米

清·雍正 粉彩开光山水纹盘
口径：22 厘米，高：2.5 厘米

清·康熙 青花矾红描金山水纹盘
口径：22 厘米，高：3 厘米
对外经贸博物馆藏
矫克华、李梅夫妇捐赠

清·康熙 青花矾红描金莲花福地纹盘
口径：21.5 厘米，高：3 厘米
对外经贸博物馆藏
矫克华、李梅夫妇捐赠

清·乾隆 青花山水花卉纹葫芦盆

长：60厘米，宽：36厘米，高：15厘米

清·雍正 粉彩山水纹盘
口径：35厘米，高：3.5厘米

清·道光 青花山水人物纹抱月瓶
宽：30厘米，高：46厘米

清·乾隆 青花山水亭台楼阁纹盘
口径：24.5 厘米，高：2.5 厘米
对外经贸博物馆藏
矫克华、李梅夫妇捐赠

清·乾隆 青花山水亭台楼阁纹八方盘
口径：24 厘米，高：2.5 厘米
对外经贸博物馆藏
矫克华、李梅夫妇捐赠

清·乾隆 青花山水纹八方长盘

长：42厘米，宽：34厘米，高：4厘米

清·乾隆 青花山水纹碟
口径：13.5 厘米，高：2.5 厘米

清·乾隆 青花山水纹碗
口径：15 厘米，高：7 厘米

清·乾隆 青花山水亭台楼阁纹温盘
口径：23厘米，高：4厘米

清·乾隆 青花山水楼阁纹碗
口径：15厘米，高：7厘米

清·同治 哥釉铁锈青花山水亭台楼阁纹箭筒
口径:23厘米,高:62厘米

寄情寓意——花鸟纹饰

花鸟纹饰是一种传统的陶瓷装饰纹样，主要表现花卉与鸟类的组合画面，寓意吉祥、幸福、美满。作为瓷器装饰，花鸟纹最早见于唐代长沙窑釉下彩绘瓷器上；至宋代，花鸟纹主要见于磁州窑白地黑花瓷器及耀州窑青釉刻花瓷器上，以牡丹花、莲花最为常见；明、清两代，花鸟纹进入鼎盛时期，并开始朝着严密繁巧的方向发展，追求画工齐整。

中国瓷器上的装饰花鸟纹题材丰富，多取自建筑雕刻、年画以及刺绣服装的内容。花鸟纹饰大致可分为三种类型，第一种是单独的象征类型，第二种是复合类型，第三种是组合类型。单独象征，顾名思义，就是只在瓷器上画一种物象，比如牡丹、喜鹊、莲花、白头翁等，这些图案一般都有大富大贵的寓意。花鸟复合类纹饰就是将两种或三种物象进行组合。相对于花鸟瓷画单独象征类纹饰来说，复合类纹饰的寓意更加丰富，也更加偏向好运与吉祥。花鸟组合类纹饰所要用到的物象更多，通常是将三种到五种物象进行组合，构成丰富的花鸟纹饰。

中国陶瓷花鸟纹作为中国传统文化的一部分，既有传统花鸟画的吉祥意蕴，又有文人画的艺术个性，融合了文、意、趣多方面的意蕴，表达了古人对花鸟的喜爱，以及对美好生活的期盼。

◎ 五彩

五彩突破了明代以釉下青花为主要色调，发明了釉上蓝彩，代替了釉下青花，成为真正的釉上五彩。康熙五彩瓷除蓝彩外，还有红、黄、绿、紫、黑、金等若干种。利用这些颜色，调配出各种不同浓淡和不同色调的彩色，施彩较凝厚，呈色效果光艳夺目，质感像宝石般坚硬莹澈。五彩瓷最早见于明宣德年间，嘉靖、万历时普遍应用，至清代康熙时最负盛名，雍正后期至乾隆年间逐渐为粉彩所代替，直至光绪才有仿康熙五彩出现。

清·康熙 五彩花鸟纹盘
口径：35厘米，高：4厘米

清·光绪 五彩锦地花卉开光花鸟纹棒槌瓶
腹径：16 厘米，高：50 厘米

清·光绪 五彩富贵白头纹盘
口径:30 厘米,高:4 厘米

清·光绪 五彩花鸟纹盘
口径：37.5 厘米，高：7 厘米

清·康熙 五彩花鸟纹盘
口径：40 厘米，高：4 厘米

清·康熙 五彩满池娇纹盘
口径：30 厘米，高：3.5 厘米

清·光绪 哥釉铁锈五彩花鸟纹花觚
腹径：21厘米，高：45厘米
对外经贸博物馆藏
矫克华、李梅夫妇捐赠

◎ 粉彩

粉彩出现于康熙晚期，是在五彩的基础上及珐琅彩的影响下创烧的一种釉上彩。具体做法是在五彩所用颜料中掺入一部分俗称"玻璃白"的不透明白色彩料，利用其乳浊作用而使彩色出现浓淡凸凹之感，同时采用中国画绘画技巧中的渲染和没骨画法，进而形成了清代粉彩淡雅、柔丽的装饰风格。康熙粉彩处于初创时期，风格简朴，色彩浅淡，装饰简约。乾隆时期，为清代瓷器制作的鼎盛期，从乾隆开始，粉彩在彩瓷的领域中几乎完全取代了五彩的地位。乾隆粉彩在综合了康熙与雍正两朝工艺的基础上，在制作上多有创新，以精工细作、华丽繁缛著称，在镂雕、凸雕、透雕工艺方面较前朝更加新奇精巧。装饰纹样方面，常常借用珐琅彩中轧道工艺和"锦上添花"技法，并配以花鸟、山水、人物的画面或者开光装饰。乾隆时期贸易外销粉彩瓷器中以花鸟题材居多，所绘花卉采用没骨画法，与同时期画坛画风相近，能渲染出花卉的阴阳向背、浓淡深浅之别，画面层次感丰富，有"花有露珠，蝶有茸毛"的艺术特色，极具观赏性。乾隆粉彩瓷器是当时东西方贸易陶瓷外销中销量最大的中国陶瓷产品之一，其艺术特色与西方审美高度契合，深受欧洲人的推崇。

清·雍正 粉彩莲池鸳鸯纹盘
口径：24厘米，高：3厘米

清·同治 粉彩花鸟纹撇口地瓶
腹径：35 厘米，高：78 厘米

清·同治 粉彩花鸟纹凤耳瓶
腹径：22 厘米，高：44 厘米

清·雍正 粉彩花鸟纹八方盘

口径：30厘米，高：4厘米

对外经贸博物馆藏

矫克华、李梅夫妇捐赠

清·雍正 粉彩鹭鸶竹林纹盘

口径：23厘米，高：2.5厘米

清·雍正 粉彩孔雀牡丹花卉纹盘

口径：24厘米，高：3厘米

◎ 墨彩

墨彩始见于清代康熙中期，流行于雍正、乾隆朝并一直延续至清末、民国时期。康熙时的墨彩色泽浓重，彩釉配制纯净，上涂一层玻璃白，烧就的墨彩漆黑莹亮；并有以绿彩为底者，更为莹亮浓郁。其制品白釉地多微闪青色，纹饰多以花鸟为主，画风深受同时代画家的影响。到雍正、乾隆年间，墨彩多用国产料仿烧水墨珐琅效果的瓷器，犹如白纸作画，浓淡相宜，洁净素雅。清末、民国时期亦多有仿造，但不及康、雍、乾时制品精美。墨彩瓷的烧制方法是在烧成白中泛青的瓷釉上绘画上水墨彩，然后经低温烧成。

清·雍正 青花墨彩芦雁纹盘
口径：22.5厘米，高：2.5厘米
对外经贸博物馆藏
矫克华、李梅夫妇捐赠

清·光绪 松石绿地墨彩富贵白头纹兽耳罐（一对）

腹径：18厘米，高：40厘米

◎ 广彩

广彩是广州地区釉上彩瓷艺术的简称，亦称"广东彩""广州织金彩瓷"。广彩以构图紧密、色彩浓艳、金碧辉煌为特色，犹如万缕金丝织白玉，至今已有300多年历史。"广彩"始于清代康熙晚期，在三彩、五彩、斗彩、粉彩、珐琅彩等各种彩瓷艺术的影响下脱颖而出，盛于乾隆、嘉庆，流传至今。广彩瓷器从广州民间艺术中吸收了丰富的艺术营养，融合中西艺术，具有明显的时代特色，其辉煌浓重的艺术风格驰名海内外。

清·光绪 粉彩锦地花卉开光花鸟纹抱月瓶
宽：33厘米，高：48厘米

清·光绪 广彩开光花鸟蝴蝶纹倭角碗
宽：24厘米，高：13厘米

清·同治 广彩黄地开光花鸟纹狮钮盖罐(一对)
腹径:20厘米,高:50厘米

◎ 矾红

矾红创烧于明嘉靖间。到清康熙时期，矾红有了很大进步，色泽艳丽，华丽凝重。多用于五彩、斗彩绘制纹饰或施于纯色釉器。嘉庆以后，矾红色泽不甚佳，至光绪时才稍有起色。矾红描金者多为官窑器。描金是金彩装饰方法之一，金装饰均用手工描绘，金水的操作步骤较为简便，手工操作方法是根据装饰部位用描金笔蘸取金水描绘花纹，镶边、铺金地或结合其他装饰使用。

清·道光 矾红描金花鸟纹盘
口径：28 厘米，高：3.5 厘米

清·康熙 青花矾红描金花鸟纹罐
腹径：22 厘米，高：24 厘米

　　此罐短颈，丰肩，鼓腹，腹下渐收，圈足，足底露胎。丰肩位置十字锦地纹开光，内绘花卉图案，腹部青花矾红描金绘牡丹花鸟洞石图案，画面构图饱满，色彩艳丽，生动传神。笔法轻盈流畅，简洁隽秀、富有动感。牡丹象征富贵，与洞石、锦鸡、玉兰相组合，寓意"吉祥富贵""富贵长寿""金玉满堂"。青花矾红描金纹饰与洁白的胎体交相辉映，浑然一体，娇艳多姿，沁人心脾。

清·康熙 青花矾红描金花鸟纹盘
口径：23 厘米，高：3 厘米

清·康熙 青花矾红描金满池娇纹盘
口径：23 厘米，高：3 厘米

清·康熙 青花矾红描金庭院花鸟纹盘
口径：22 厘米，高：3 厘米

清·康熙 青花矾红描金锦鸡牡丹纹盘
口径：22 厘米，高：3 厘米
对外经贸博物馆藏
矫克华、李梅夫妇捐赠

◎ 素三彩

素三彩是明清两代景德镇生产的一种釉上低温彩瓷器，其是在高温烧成的素瓷胎上，用彩釉填在已刻划好的纹样上，再经低温烧成。因彩绘以黄、绿、紫、白等彩料为主，色彩素雅别致，故称"素三彩"。觚，是中国古代一种酒器，也作礼器。圈足，敞口，长身，口部和底部都呈现为喇叭状。觚初现于二里头文化，盛行于商代和西周早期。至元、明、清三代，出现仿青铜觚的花觚，多为陈设用瓷。这对花觚造型隽秀，端庄大方，线条变化丰富。器物满施黄釉为地，釉上则饰素三彩花鸟纹，以绿、黄、褐、墨等色绘制而成，釉色匀净，构图疏密得体，纹饰精细，彩素，色淡，形成雅致恬淡的艺术效果。

清·光绪 黄地素三彩花鸟纹花觚（一对）
口径：22.5 厘米，高：40 厘米
对外经贸博物馆藏
矫克华、李梅夫妇捐赠

光绪 墨地素三彩花鸟纹四方瓶（一对）
宽：15厘米，高：43厘米

清·乾隆 青花花鸟纹椭圆盘

长：37.5厘米，宽：31.5厘米，高：3厘米

  此盘椭圆形口，宽折沿，浅弧腹，大平底，矮圈足。盘内口沿位置绘海水锦地纹、石榴纹、如意纹、花卉纹。浅弧腹位置绘十字锦地开光花卉图案，内心绘牡丹花鸟主体纹饰，画面构图饱满，笔触细腻，青花浓淡有致。

  清乾隆时期，随着经济的发展，社会生活的安定，国内外市场活跃，制瓷工艺突飞猛进，在继承雍正朝技术的基础上，又有了更多的创新、变化和提高，不仅品种多、题材广泛、造型多样，而且原料的选择和加工也比以前更加讲究。

清·光绪 青花花鸟纹撇口瓶（一对）

口径：12 厘米，高：30 厘米

清·雍正 青花凤朝牡丹纹盘
口径：42 厘米，高：5 厘米
对外经贸博物馆藏
矫克华、李梅夫妇捐赠

盘弧形浅腹，宽折沿，大平底，浅圈足，足端尖弧状，酱釉口。以器底绘孔雀、湖石、栏杆、牡丹、花卉为主纹。盘心右侧两只孔雀在湖石上相对而立，左下角庭院栏杆内牡丹花开正艳，地上还散布几枝灵芝、四时花卉。内折沿处十字锦地纹四开光。宽折沿处绘四时花卉、石榴、牡丹纹饰，疏密组合恰到好处。此盘造型规整，纹饰雍容华贵，青花呈浓淡有致的明丽色调，是外销瓷中的精品。

凤凰是人们心中的瑞鸟，天下太平的象征，是吉祥和幸福的化身，象征美满的爱情。它是被誉为"四神"和"四灵"的神灵之一，是金、木、水、火、土和仁、义、礼、智、信俱全的神鸟，是中国传统文化的重要组成部分，故为神瑞仁鸟，体现了"美、善、益、寿、祥"的中华文化精神，是中和之美、和谐之美、尚善之美的象征。通过对佛教中的因果轮回，道教中的长生贵命和儒家比德、比兴思想三者不断融合，从而创造出符合时代精神和民族精神的"凤鸟"图案形象。凤纹以其独特的民族形式和艺术魅力，成为中华民族的文化象征之一。

清·康熙 青花花鸟纹盘
口径：23.5 厘米，高：3 厘米
对外经贸博物馆藏
矫克华、李梅夫妇捐赠

清·乾隆 青花锦鸡牡丹纹八方盘
口径：22 厘米，高：3.5 厘米
对外经贸博物馆藏
矫克华、李梅夫妇捐赠

清·康熙 青花锦上添花纹盘
口径：22.5 厘米，高：3 厘米

清·乾隆 青花花鸟纹盘
口径：23 厘米，高：3 厘米

福寿绵延——蝴蝶纹饰

蝴蝶又叫蛺蝶，其最大的特色是体态优美、色彩绚烂。瓷器上对于蝴蝶的应用，始于宋代。宋代的蝴蝶纹主要采用刻画以及贴花的技艺，将蝴蝶飞行的样式装饰在瓷器上。及至明清时期，瓷器的釉色丰富多彩，有五彩、斗彩、青花、粉彩、珐琅等，这一时期的蝴蝶纹，与各种釉色相互配合，更加具有写实性。

蝴蝶纹作为瓷器纹饰，能够长盛不衰，除了其优美的纹样，还有其表达的文化内涵。独立的蝴蝶纹，通常有"长寿"的寓意，这是因为蝴福谐音、蝶音同耊的缘故。若饰以两只蝴蝶的纹样，则象征着夫妻长寿、白头偕老。蝴蝶与花卉的组合，习惯上也称作"花蝶纹"，蝴蝶在花卉中翩翩起舞，俯仰生动，姿态万千，较好地表现出"蝶恋花"的浪漫情怀，寓意美好的爱情。蝴蝶搭配牡丹花，则寓意身体健康、荣华富贵。若以两只蝴蝶搭配迎春花，则称作"双蝶迎春"，寓意夫妻长寿、吉祥如意。此外，还有一种瓜蝶纹，即以蝴蝶纹与瓜蔓相配，习称"瓜瓞绵绵"，寓意子孙万代连绵不绝、福祉长久。

清·光绪 粉彩蝴蝶纹盘
口径：37.5 厘米，高：5.5 厘米
对外经贸博物馆藏
矫克华、李梅夫妇捐赠

  此盘圆口，口沿描金，弧形浅腹，宽折沿，大平底，浅圈足，足端尖弧状。盘心主图绘一群彩蝶飞舞，彩蝶形态各异，生动有趣，间饰几只蜻蜓。外围一圈花草纹饰，一股清新自然之气扑面而来。盘弧腹转折位置一圈花瓣形装饰，内绘渐变点、花卉图案，紧接一圈十字锦地花卉纹饰。盘宽折沿处卷草花卉地圆形开光，内绘蝙蝠、花鸟、游鱼、蝴蝶等纹饰。绘画技法上注重明暗变化和颜料的浓淡变化，绘画细腻写实。整件器物构图繁密，色彩艳丽，杂而不乱，美不胜收。此类盘应为特殊定制产品，为广彩瓷器的精品之作，展现了广彩富丽堂皇、端庄华美的时代特色。

清·光绪 广彩蝴蝶花卉纹果篮

长：28厘米，宽：25厘米，高：10厘米

对外经贸博物馆藏

矫克华、李梅夫妇捐赠

此果篮椭圆形撇口，口沿外卷，深弧腹，圈足，口沿两侧有编织形提手，腹部镂空，便于水流出和果味散发。果篮口沿位置金地满饰牡丹蝴蝶纹样，搭配海棠形小开光，内绘折枝牡丹花卉纹饰。腹部镂空位置，红绿黄蓝四种颜色交错，规整有序。果篮平底位置饰一圈白菜蝴蝶纹饰，呈放射状分布，内心绘描金团寿纹样。"白菜"与"百财"谐音，"蝴"与"福"谐音，所以整件器物表达百财百福百寿的中国传统吉祥寓意。此果篮器型饱满，釉色光亮，颜色艳丽，绘画精细，是广彩瓷器中的精品之作。

科甲及第——螃蟹纹饰

螃蟹纹，即蟹纹，较为常见的动物纹饰，一般作为瓷器的主体装饰纹饰。明代中期，民窑青花器上就已有作为主纹饰的螃蟹纹。明代万历至崇祯时期，螃蟹纹更是大量出现在民窑青花器上，不论瓷器精粗皆有螃蟹纹，并一直延续至清初。

螃蟹纹是在中国古代科举文化的影响下出现的，古人认为螃蟹天生带甲，有吉祥之意，所以把螃蟹视为吉祥物，寓意"出身不凡，天生中甲"。因此，螃蟹纹表达了古人对科举考试金榜题名的一种期盼。具体到纹饰本身，一只螃蟹代表"一甲"，两只螃蟹代表"二甲"，三只螃蟹代表"三甲"，而两只螃蟹周围画上芦苇，则为"二甲传胪"的含义。明清时的科举考试中，殿试的成绩榜分为三甲：一甲有三人，分别为状元、榜眼、探花；二甲若干人，赐进士出身；三甲若干人，赐同进士出身。明代对二甲第一名和三甲第一名还有专称，称为"传胪"；到了清代，"传胪"则专指二甲第一名。

清·康熙 青花游鱼纹盘
口径:20厘米,高:3厘米

清·雍正 粉彩二甲传胪纹盘
口径：23厘米，高：2厘米
对外经贸博物馆藏
矫克华、李梅夫妇捐赠

清·雍正 青花矾红描金富甲天下纹盘
口径：23厘米，高：2厘米

太平祥瑞——瑞兽纹饰

明清瓷器装饰纹样中常见有各种瑞兽纹饰，如麒麟引凤、喜鹿蜂猴、鹿鹤同春、海水奔马、海兽纹饰，形态各异，描绘细致，生动逼真。

麒麟引凤，我国传统吉祥寓意装饰。麒麟是古代传说中的祥瑞神兽，一般作马头、鹿角、麋身、龙麟、牛尾，也有作龙头、狮尾。麒麟作为中华民族传统艺术宝库里的主要装饰形象，受到历代人民普遍而持久的欢迎。麒麟集自然界各种动物的美于一身，而且表现了超出自然本色的理想化的形色美，给人以吉祥的祝福和美的艺术享受。

喜鹿蜂猴为中国儒家文化传统吉祥寓意纹饰之一，是绘有喜鹊、鹿、蜂、猴的纹饰，以"鹿"谐音"禄"，以"蜂"谐音"封"，以"猴"谐音"侯"，寓意"喜禄封侯"，具有十分明显的人文寓意。

"鹿鹤同春"又名"六合同春"，"六合"是指"天地四方"，亦泛指天下。民间运用谐音的手法，以"鹿"取"陆"之音，"鹤"取"合"之音。六合同春便是天下皆春，万物欣欣向荣，因此"鹿鹤同春"是春天的标志，也是辞旧迎新的意思。

中国的麒麟崇拜比龙、凤崇拜要晚，大约开始于春秋时期。作为传说中的吉祥瑞兽，麒麟虽外表狰狞，但内在仁厚，由于它性情温和、不伤害人畜、蹄不踏青草和昆虫，所以《宋书·符瑞志》里称："麒麟者，仁兽也。"麒麟纹从汉代流传至今，被广泛装饰在画像石、玉雕、木雕、瓷器、建筑装饰等领域。各个历史时期的麒麟纹有不同的特征和气质：汉代古拙，南北朝雄健，明清时期华美。凤凰更是冰清玉洁、高贵的象征，据说凤凰非梧桐不栖，非醴泉不饮。苏轼《司马温公神道碑》："公如麟凤，不鸷不搏。"就是赞扬这人如麒麟和凤凰一样，不争不抢，毫无戾气。李善注引《礼记》："圣王所以顺，故凤凰骐麟，皆在郊薮。"即圣王做的事顺应天意人心，那么在郊外可以见到凤凰和麒麟。反之，周咏《杂诗》："荆棘满中原，麟凤绝郊薮。"就是说如果尽是战争，民不聊生，麒麟凤凰在郊外是见不到的。

汉代人崇仙奉道，相信鬼神。画像石作为墓中的构件，上面绘画或者模印麟凤纹体现汉代人祈求祥瑞，以麟凤保护墓主人灵魂安定之意。元朝晚期、明末清初，战乱不断，出现这种昭示盛世的纹饰，恰恰反映人们对天下太平、祥和世界的祈盼。

清·康熙 青花矾红描金麒麟引凤纹罐
腹径：21 厘米，高：23 厘米

清·康熙 五彩麒麟引凤纹盘
口径：32厘米，高：5厘米

清·康熙 青花矾红描金花鸟鹿纹盘
口径：23 厘米，高：2.5 厘米

清·康熙 青花狮子纹盘
口径：21厘米，高：3.5厘米

清·雍正 青花矾红描金鹿鹤同春纹盘
口径：24厘米，高：3厘米

清·道光 青花五世同堂纹盘
口径：37厘米，高：5厘米

清·乾隆 青花松鹿纹八方长盘
长：32 厘米，宽：24 厘米，高：4 厘米

清·道光 青花三世同堂纹盘
口径：40 厘米，高：5 厘米

清·康熙 五彩开光花鸟走兽纹盘
口径：38 厘米，高：3.5 厘米

清·光绪 五彩奔马纹将军罐
腹径：21厘米，高：37厘米
对外经贸博物馆藏
矫克华、李梅夫妇捐赠

清雅高洁——博古纹饰

博古纹是中国传统装饰纹样。"博古"原意为"通晓古事古物"。中国北宋大观中,徽宗命王黼等编绘宣和殿所藏古器,成《宣和博古图》三十卷。因此,后人将"博古"的含义加以引申,凡鼎、尊、彝、瓷瓶、玉件、书画、盆景等被用作装饰题材时,均称"博古",寓意博古通今、高洁清雅,具有典型的中国民族文化特色。

博古纹自宋代产生后就广泛地出现在各种工艺品上。但博古纹作为瓷器装饰纹样兴起于明末万历、崇祯年间。这一时期饰有博古纹的瓷器数量不多,多为青花和五彩器物,纹样以花瓶、花架为主,构图简约,绘画技法不高,纹饰多变形夸张,没有形成定型的纹样。清康熙、雍正、乾隆三朝进入鼎盛时期,康雍乾三朝博古纹瓷品种丰富多样,有青花、五彩、青花五彩及色釉等。此时的博古纹讲究吉祥寓意,写实与写意两种风格并存,绘画较为精湛细腻,构图舒展大方,错落有致,线条流畅硬朗,设色柔和淡雅,亦有明快艳丽之作。装饰技法新颖多姿,有开光、描金、凸雕等。其中康熙博古纹的艺术成就最高,雍正朝始创的淡描青花博古纹亦颇为新颖别致。

清晚期光绪一朝存世的博古纹瓷数量较多,常见博古纹器物以瓶、罐、杯、盘等为主。多采用粉彩、五彩等装饰技法,图案多为通景博古或开光博古,构图大都较为饱满,施色明快纯正,线条流畅,绘画精细,层次感较强,其博古纹的艺术水平较高,在晚清博古纹中占有重要地位。

清·康熙 五彩博古纹花口盘
口径：35 厘米，高：5 厘米

　　此盘弧形浅腹，宽折沿，大平底，浅圈足，花口。内口沿处绘莲瓣四时花卉图案，盘心双圈绘庭院博古盆景图案，前方三个盆景形态各异，摆在花架上。左边一盆梅花枝头花开正艳，中间一盆山石竹子苍翠挺秀，右手边一盆松柏苍劲挺拔，远处一只小鹿回头张望，庭院内几枝桃花探出围墙。整器构图饱满，色泽艳丽，胎质洁白。

清·康熙 酱釉地五彩开光博古纹碗
口径：22.5 厘米，高：10 厘米

清·康熙 五彩开光博古纹盖碗
口径：15 厘米，高：10 厘米

清·同治 松石绿地粉彩博古纹四方瓶（一对）

宽：15厘米，高：42厘米

清·雍正 粉彩博古纹盘
口径：23 厘米，高：3 厘米
对外经贸博物馆藏
矫克华、李梅夫妇捐赠

清·乾隆 粉彩博古花卉纹盘
口径：22 厘米，高：2.5 厘米
对外经贸博物馆藏
矫克华、李梅夫妇捐赠

清·雍正 粉彩博古花卉纹盘
口径：23 厘米，高：2.5 厘米
对外经贸博物馆藏
矫克华、李梅夫妇捐赠

清·雍正 粉彩博古花卉纹盘
口径：23 厘米，高：3 厘米

清·道光 金地广彩博古花鸟纹将军罐

腹径：37.5 厘米，高：63 厘米

对外经贸博物馆藏

矫克华、李梅夫妇捐赠

此对将军罐圆口，短颈，颈部有铜圈加固，丰肩，鼓腹，腹下渐收，圈足外撇，平底露胎。整器胎体厚重，器型浑厚饱满，挺拔庄重，隽秀典雅。帽盔状罐盖，宝珠形钮。整体金地满绘花鸟、蝴蝶、博古等纹饰，局部宝瓶开光留白绘人物故事图案。画面构图繁密，绘画生动传神。釉面莹润，光泽灵动，釉上广彩颜色艳丽，层次丰富，是广彩外销瓷的经典之作。将军罐因宝珠顶盖形似将军盔帽而得名。初见于明代嘉靖、万历朝，至清代顺治时基本定型。清康熙朝最流行。

清·道光 金地广彩博古花鸟纹将军罐
腹径：37.5 厘米，高：63 厘米
对外经贸博物馆藏
矫克华、李梅夫妇捐赠

清·道光 金地广彩博古花鸟纹盘
口径:28厘米,高:3厘米

清·康熙 青花矾红描金博古纹八方盘
口径:22厘米,高:3厘米

清·雍正 粉彩博古花卉纹盘
口径:23厘米,高:3厘米

明·嘉靖 青花八宝暗刻如意纹盘
口径：20 厘米，高：4 厘米
对外经贸博物馆藏
矫克华、李梅夫妇捐赠

清·雍正 青花博古牡丹花卉纹盘
口径：38 厘米，高：3 厘米
对外经贸博物馆藏
矫克华、李梅夫妇捐赠

清·康熙 青花博古纹盘
口径：22.5 厘米，高：2.5 厘米

圆满吉祥——八宝纹饰

八宝纹是一种典型的含有宗教意义的瓷器装饰纹样，又称"八吉祥纹"。佛教中的"八宝"源于藏传佛教，为象征吉祥的八件宝物：法轮、法螺、宝伞、白盖、莲花、宝瓶、金鱼、盘肠结。八宝纹始见于元，流行于明、清。元代主要采用印花装饰，纹样的排列尚无一定规律。从明宣德开始，彩绘成为主流，有青花、斗彩、五彩、绿地黄彩等品种。清代乾隆、嘉庆朝以粉彩器为多见，也有珐琅彩制品。八宝的排列有一定规律，明代早中期排列次序为：轮、螺、伞、盖、花、鱼、瓶（罐）、结；明晚期至清代排列次序为：轮、螺、伞、盖、花、瓶（罐）、鱼、结。清乾隆以后又有打乱上述次序者。八宝纹常与莲花组成图案，作折枝莲或缠绕莲托起八宝的构图，也有以八宝捧团寿的图样。

八宝所蕴含的吉祥寓意丰富，"轮"有生生不息的含义；"螺"则代表着幸福与平安；"伞"有保护人类免受伤害的寓意；"盖"有慈悲、胜利之意；"花"即莲花，有仁慈、高尚、纯洁之意；"瓶"则是财富的体现，有吉祥、福智圆满之意；"鱼"有活泼、幸福、避邪之意；"结"即"吉祥结"，是和平、永恒的体现，有祥和、无限之寓意。

而道教八宝也被称为"八宝纹"，指八仙手持的八种法器，分别是葫芦、扇子、渔鼓、宝剑、莲花、花篮、横笛和阴阳板，也叫"暗八仙"。

八宝纹的寓意早已突破了单纯的宗教意义，而成为中国吉祥文化的一部分，充分体现着中华民族的民俗，寄托着古人对幸福生活的美好愿望。

民国 粉彩八宝喜字纹盖盒
口径：27厘米，高：20厘米
对外经贸博物馆藏
矫克华、李梅夫妇捐赠

清·同治 粉彩八宝纹盘
口径：40厘米，高：5厘米

清·光绪 粉彩花卉八宝纹盘
口径：28厘米，高：3厘米

龙凤呈祥——龙凤纹饰

龙凤纹饰是一种传统瓷器装饰纹样。龙和凤是中华民族最具生命力的文化标志和精神象征。

龙的形象最早见于新石器时代，是先民的一种图腾崇拜，是在多种动物艺术形象的基础上再创造的产物。进入封建社会，龙成为帝王权力的象征。明清时期，龙的形象最后定型，形成了外形威猛、华贵和狞厉的特性。其基本形象以"三停九似"为标准，自首至膊、自膊至腰、自腰至尾为"三停"（弯曲）；"九似"是角似鹿、头似驼、眼似鬼、项似蛇、腹似蜃、鳞似鲤、爪似鹰、掌似虎、耳似牛。

凤由原始彩陶上的玄鸟演变而来的，是古代先民的一种鸟图腾崇拜，也是人们幻想的产物，《山海经·南山经》对凤的描述是："有鸟焉，其状如鸡，五采而文，名曰凤皇。"明清时期，凤纹呈现出了程式化、样式化、图案化的艺术格局，成为皇权的代表。有双凤、夔凤、凤凰牡丹纹、龙凤纹等组合。

龙作为中国文化中至高的祥瑞，寓意着吉祥、安康、长寿、福禄。凤以羽毛华丽著称，是美丽和平的象征。龙和凤组合，寓意吉祥如意；凤和菊花、牡丹组合，寓意富贵常在，荣华永驻；凤和福组合，寓意福气安康，凤和梧桐组合，寓意气势威武，祥瑞开泰，在古代汉语中有"栖凤梧桐"的典故。

清·康熙 五彩凤穿牡丹纹盘
口径：50厘米，高：6厘米

　　此盘敞口，浅弧腹，大平底，矮圈足。通体施透明釉，釉色莹润光洁。胎体厚重，胎壁坚实，器型端庄秀美。内口沿处十字锦地花卉开光鱼藻纹饰，弧腹位置大面积留白绘折枝牡丹纹饰。盘内心双圈绘凤穿牡丹主体纹饰，凤鸟在空中飞舞，尾羽飘逸，大朵牡丹竞相开放，花姿丰满，蝴蝶在牡丹丛中翩翩起舞。画工精湛，笔触细腻。构图严谨，层次分明，色彩绚丽。主体纹饰和边饰图案遥相呼应，寓意深刻，浑然一体。

　　凤穿牡丹是传统吉祥图案，也称作"凤喜牡丹"或"牡丹引凤"。在中国古代传说中，凤为鸟中之王，寓意祥瑞；牡丹为花中之王，寓意富贵。牡丹、凤凰结合，象征祥瑞、美好、富贵和幸福。

清·光绪 粉彩凤朝牡丹纹卷缸（一对）
口径：23 厘米，高：20 厘米

清·雍正 粉彩凤凰牡丹花卉纹盘
口径：28 厘米，高：3 厘米

清·同治 哥釉铁锈粉彩凤穿牡丹纹盘
口径：40厘米，高：6厘米

清·同治 哥釉铁锈青花富贵龙纹盘
口径：40厘米，高：5厘米

清·康熙 五彩凤穿牡丹纹罐
腹径：20厘米，高：30厘米

此罐短颈溜肩鼓腹，腹下渐收，平底露胎，器型饱满。颈部绘变体蕉叶纹饰，肩部二方连续绘大朵牡丹，腹部绘双凤穿行于缠枝牡丹花卉之中。五彩凤凰振翅欲飞，神态飘逸。整个画面构图繁密，五彩浓艳凝厚，色调对比强烈，笔意流畅自然，为康熙时期典型器物。

清·光绪 豆青釉描金牡丹粉彩开光二龙戏珠纹象耳尊
腹径：32厘米，高：46厘米
对外经贸博物馆藏
矫克华、李梅夫妇捐赠

此尊敞口，短颈，溜肩，鼓腹，圈足。肩部对称饰象首形耳，象首为圆雕，造型简练，取"太平有象"的吉祥寓意。此尊胎骨坚致，釉光滋润肥厚。口沿位置绘一圈描金回纹，通体豆青釉描金缠枝牡丹纹饰，腹部圆形开光粉彩绘二龙戏珠图案。两只五爪飞龙首尾相对，似争斗状，龙爪苍劲有力，间饰火珠、云纹。整体造型，大气端庄，周正古朴。

先秦时期，双龙戏珠题材便已出现。从西汉开始，双龙戏珠便成为一种吉祥喜庆的装饰纹样，多用于建筑彩画和高贵豪华的器皿装饰上。双龙的制式以装饰的面积而定，若是长条形的，两条龙便对称状地设在左右两边，呈行龙姿态；倘是正方形或是圆形的，两条龙则是上下对角排列，上为降龙，下为升龙。不管是何种排列，火珠均在中间，显示出活泼生动的气势。在中国古代神话中，龙珠是龙的精华，是它们修炼的原神所在，所以人们在艺术表达中，通过两条龙对玉珠的争夺，象征着人们对美好生活的追求。

东风西渐——克拉克瓷器

克拉克瓷始烧于明万历时期，是中国早期外销到欧洲的青花瓷。1602年，荷兰东印度公司在海上捕获一艘葡萄牙商船——克拉克号，船上装有大量来自中国的青花瓷器，这批瓷器最终被运往阿姆斯特丹拍卖，因不明瓷器产地，欧洲人就把船上中国明朝万历时期及其类似风格的瓷器统称作"克拉克瓷"。克拉克瓷备受欧洲人的喜爱，不但曾在明末大批销往欧洲，在清朝早期仍继续烧造。乾隆时期，随着粉彩、广彩等新品外销瓷的大量出现，克拉克瓷逐渐衰落。

克拉克瓷产地主要为景德镇，大部分是青花瓷器，其中以青花盘最具代表性，盘口呈圆口或花口，盘心绘主题纹饰，盘外周饰六、八或十二或更多的扇形、椭圆形或莲瓣形开光，开光内饰杂宝花卉等图案。纹饰用笔荒率自然，逸笔草草，无拘无束，布图满而不密，繁而不乱。

克拉克瓷的输出，推动了中国文化的传播与欧洲陶瓷业的发展，影响了欧洲艺术风格的转变，堪称是沟通东西方文明的物质载体，在世界陶瓷史上具有重要地位。

明·万历 青花八宝开光花卉纹花口碗
口径：14厘米，高：7厘米
对外经贸博物馆藏
矫克华、李梅夫妇捐赠

　　此碗口沿外翻呈花瓣状，深弧腹，矮圈足，底部施釉。碗心青花双圈内绘蕉叶、葫芦、流苏组合纹样。内壁以四组大开光扇格和四组小开光扇格分隔而成，大扇格内绘有兽首与折枝花果纹饰，小扇格内绘流苏纹饰。碗外口沿处以三组花卉卷草纹为饰，外壁绘有团花形开光，内绘点状纹饰。此类器物在万历中后期较为流行，在延续嘉靖时期道教装饰纹样的基础上，融合了西方人的审美观。这类克拉克式瓷碗在景德镇被大量烧造超过30年，并广泛出口至欧洲、美洲及东南亚，被视为珍贵的艺术品。

明·万历 青花开光飞黄腾达纹花口盘
口径：14 厘米，高：3 厘米

明·万历 青花开光八宝纹盘
口径：13.5 厘米，高：3 厘米

明·万历 青花开光花鸟纹花口盘
口径：14 厘米，高：3 厘米
对外经贸博物馆藏
矫克华、李梅夫妇捐赠

明·万历 青花开光花卉纹盘
口径：22 厘米，高：3 厘米

明·万历 青花开光花鸟山水纹花口盘
口径：28.5 厘米，高：4.5 厘米
对外经贸博物馆藏
矫克华、李梅夫妇捐赠

盘圆口，宽折沿，弧腹，浅圈足。底足有明显的跳刀痕，呈放射状。通体施透明釉，足端露胎，有粘沙。图案工整对称，纹样奇特别致。内口沿饰八个莲瓣形开光，以八个柱状图案间隔，开光内绘花果和杂宝，彼此间隔排列。盘心以八瓣花连弧开光装饰，开光外分别以间隔的四组鱼鳞锦地纹和"卍"字锦地纹为饰，开光内则绘花鸟山水纹饰。盘心主题纹饰与内壁其他纹饰以青花留白双圈分隔，层次分明。盘外壁的纹饰极为简单草率，间隔也更宽，大小开光以简单的线条隔开，大开光内绘花卉、圆圈，小开光内仅仅用一横一竖两笔草草而成，内外疏密简繁形成鲜明的对比。以这种方法装饰的瓷器，被称为"克拉克"或"芙蓉手"瓷，是明末清初中国外销瓷当中著名的品种，国内很少见，是专为出口而生产的。这种瓷器的产地，除了景德镇，还有福建的平和窑和德化窑。

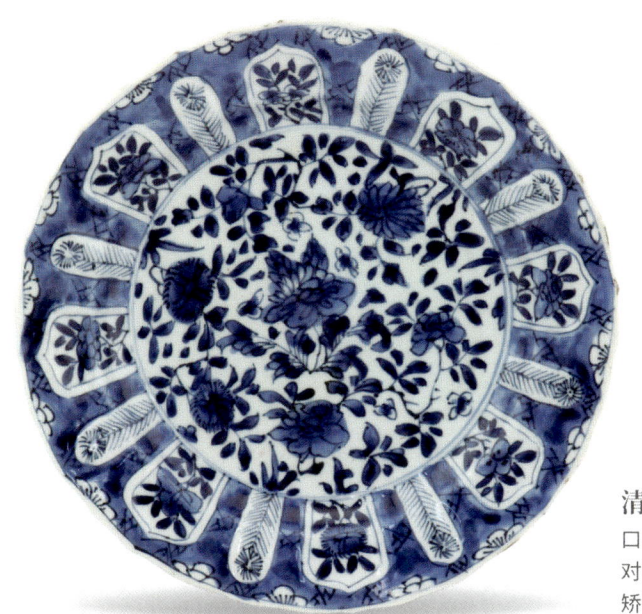

清·康熙 青花开光花卉纹花口盘
口径：22.5 厘米，高：3 厘米
对外经贸博物馆藏
矫克华、李梅夫妇捐赠

清·康熙 青花花卉纹盘
口径：35 厘米，高：6 厘米

清·康熙 青花庭院牡丹花卉纹花口盘

口径：21.5 厘米，高：3 厘米

对外经贸博物馆藏

矫克华、李梅夫妇捐赠

  此盘花口，弧形浅腹，宽折沿，大平底，浅圈足，足端尖弧状。通体施透明釉，釉面细腻光亮，均匀洁净。盘口宽折沿处绘开光花卉纹饰，盘内心绘庭院牡丹花卉纹饰，构图繁密，青花呈浓淡有致的明丽色调。此盘是"克拉克瓷"的典型之作，这种在八莲瓣内绘花卉，构图繁密的纹样为康熙外销瓷特有，欧洲各大博物馆多有类似风格的藏品。

清·康熙 青花花卉纹盘花口盘
口径：39厘米，高：6厘米

清·康熙 青花花卉纹花口盘
口径：37厘米，高：6厘米

清·康熙 青花开光花卉纹盘
口径：29厘米，高：4厘米

清·康熙 青花开光庭院花卉纹花口盘
口径：22厘米，高：3厘米

清雅热烈——伊万里瓷器

伊万里瓷，指的是江户时期在日本有田地区生产后，从毗邻的伊万里港贩运出海的瓷器。明末清初，景德镇瓷器生产及贸易因战乱几乎停滞。因此，原本专门外销景德镇瓷器给欧洲的荷兰东印度公司，将目标转移到接近中国的日本有田烧上，以代替中国产的瓷器。

有田烧的历史从1616年高丽陶工李参平发现泉山的陶石开始。从1644年到1650年有田引进了中国制瓷技术与装饰手法，制瓷技术获得了质的飞跃。伊万里瓷器喜用大量红彩和金彩，其视觉效果非常华丽绚烂。瓷器的种类繁多，常见的有青花、青花描金、青花五彩、青花五彩描金、红绿彩、红绿彩描金等。早期的古伊万里烧有很多落款为繁体汉文，常见的落款有"富贵佳器""富贵长春""大明成化年制""大明万历年制""福""魁"等，落款书写以青花居多。

清代康熙年间，国内局势终告安定，海禁逐步解除。为了重回海外市场，景德镇开始借鉴日本"伊万里"风格，运用釉下青花、釉上矾红、描金勾勒，烧造以中国传统纹饰为主的"中国伊万里"。日本伊万里瓷与"中国伊万里"瓷在17世纪中叶到18世纪中叶相互借鉴、相互竞争，是大航海时代经济、文化交流与融合的见证。

清·康熙 青花矾红描金山水纹四方瓶（一对）
宽：10厘米，高：29厘米

清·康熙 青花矾红描金花卉纹盘
口径：22 厘米，高：3 厘米

清·康熙 青花矾红描金博古花卉纹八方长盘
长：30.5 厘米，宽：26 厘米，高：4 厘米

清·康熙 青花矾红描金花卉纹盘
口径：23 厘米，高：2.5 厘米

清·康熙 青花矾红描金花卉纹盘
口径：23 厘米，高：3 厘米

清·康熙 青花矾红描金花鸟纹盘
口径：23 厘米，高：3 厘米
对外经贸博物馆藏
矫克华、李梅夫妇捐赠

清·康熙 青花矾红描金牡丹花卉纹盘
口径：23 厘米，高：2.5 厘米
对外经贸博物馆藏
矫克华、李梅夫妇捐赠

清·康熙 青花矾红描金花卉纹八方瓶
宽：9厘米，高：28厘米

清·康熙 青花矾红描金花卉纹盘
口径：23.5 厘米，高：3 厘米

清·康熙 青花矾红描金花卉纹盘
口径：23 厘米，高：3 厘米

清·康熙 青花矾红描金博古花卉纹盘
口径：23 厘米，高：3 厘米
对外经贸博物馆藏
矫克华、李梅夫妇捐赠

清·康熙 青花矾红描金折枝花卉纹盘
口径：25 厘米，高：4 厘米
对外经贸博物馆藏
矫克华、李梅夫妇捐赠

清·雍正 青花矾红描金牡丹花卉纹盘
口径：24 厘米，高：3 厘米

清·康熙 青花矾红描金花卉纹盘
口径：23 厘米，高：3 厘米

清·康熙 青花矾红描金花卉纹盘
口径：22.5 厘米，高：3 厘米
对外经贸博物馆藏
矫克华、李梅夫妇捐赠

清·康熙 青花矾红描金花卉开光山水纹盘
口径：24 厘米，高：3 厘米
对外经贸博物馆藏
矫克华、李梅夫妇捐赠

欧洲风尚——纹章瓷

纹章瓷是明清时期"外销瓷"的一种。确切来说属于"来样加工"的"订烧瓷"。它由景德镇的工匠们按照欧洲订购商提供的种类、造型、式样等进行彩绘烧制,所以在纹章瓷上既有中国传统制瓷工艺的特点,又能反映出当时欧洲典雅的装饰风格。因为这种纹章瓷上印有欧洲贵族家族、团体等的特殊徽章,所以它又被称为"徽章瓷"。

从明朝嘉靖年间开始,欧洲的葡萄牙就向中国订购纹章瓷。目前发现最早的纹章瓷是一件青花瓷壶,纹饰为葡萄牙国王马努埃尔一世的纹章。清康熙年间,外销的纹章瓷达到了鼎盛。很多的王公贵族、富商巨贾、公司团体都纷纷托当时著名的东印度公司到中国来订购纹章瓷。康熙年间的纹章瓷主要是彩色的纹章瓷和青花纹章瓷两种。至雍正统治时期,粉彩纹章瓷开始占据主流地位。纹章瓷的彩绘产地也从原来的景德镇转向了外贸重地广州。一般都是从景德镇买了尚好的白胎瓷,然后带到广州根据不同外商的喜好和要求进行烧制。清晚期,因各国自己生产的纹章瓷逐渐精美,中国纹章瓷的外销量逐渐减少。

清·乾隆 广彩徽章纹盘
口径：24厘米，高：3厘米
对外经贸博物馆藏
矫克华、李梅夫妇捐赠

清·乾隆 广彩徽章纹盘
口径：24 厘米，高：3 厘米

清·乾隆 广彩徽章纹盘
口径：24 厘米，高：3 厘米
对外经贸博物馆藏
矫克华、李梅夫妇捐赠

清·乾隆 广彩徽章纹盖罐　　　　　　清·乾隆 欧洲仿制徽章纹将军罐
腹径：12 厘米，高：30 厘米　　　　　腹径：10 厘米，高：27 厘米

清·乾隆 广彩徽章纹碗

口径：14 厘米，高：7 厘米

清·乾隆 广彩徽章纹椭圆盘

长：29 厘米，宽：25 厘米，高：4 厘米

清·乾隆 欧洲仿制徽章纹撇口瓶

口径：12 厘米，高：24 厘米

清·乾隆 广彩徽章纹花口盘
口径：23 厘米，高：3.5 厘米

清·乾隆 广彩徽章纹盘
口径：24.5 厘米，高：2.5 厘米

清·乾隆 广彩徽章纹盘
口径：24 厘米，高：4 厘米
对外经贸博物馆藏
矫克华、李梅夫妇捐赠

清·乾隆 广彩徽章纹温盘
口径：24 厘米，高：6 厘米

清·乾隆 广彩徽章纹花口杯

口径：6厘米，高：6厘米

清·乾隆 广彩徽章纹花口碗

口径：8厘米，高：5厘米

清·乾隆 广彩徽章纹椭圆花口盘
长：40 厘米，宽：30 厘米，高：6 厘米

清·乾隆 广彩徽章纹花口镂空椭圆果盘
长：28 厘米，宽：24.5 厘米，高：3 厘米

洋洋大观——欧式花卉纹饰

世人莫不爱花，清代外销彩绘瓷上几乎都有花卉纹饰，欧洲人也喜爱花卉图案之美。中国外销瓷在欧洲的流行，促成了中西花卉图案的交流。中国外销瓷上的花篮纹就曾被仿制在代尔夫特瓷器和瓷砖上，同时，欧洲各种花卉植物图案也出现在部分中国外销瓷上。

清代外销瓷上的欧式花卉应是中国画工应订单要求，参照当时欧洲流行的花卉植物印刷品摹绘的，这种花卉植物印刷品至今还常被作为欧洲室内装饰。出于欧洲人更偏重对科学的追求，因而这些花卉纹饰多运用西画透视技法，强调阴阳向背、明暗变化，颇具立体感，这种花卉纹样多重写生、写实，很少人为地变形与夸张，颇像生物学挂图上的画面。瓷绘上的欧式花卉，为了追求素雅、洁净的格调，画面大片留白，主题花卉所占面积较小，与中国花卉纹样热烈艳丽、繁缛饱满的风格相比更显其小巧、清秀的阴性美，更适合欧洲贵妇和小姐们的品位。

清·乾隆 广彩西洋花卉纹花口盘
口径：23厘米，高：3厘米

清·乾隆 广彩西洋花卉纹花口盘
口径：23厘米，高：3厘米

清·乾隆 广彩西洋花卉纹盘

口径：11.5厘米，高：3厘米

清·乾隆 广彩西洋花卉纹碗

口径：26厘米，高：11厘米

引人入胜——西方人物故事

16世纪中叶，西方人物故事题材就出现在中国瓷器上。1700年以后，应外国客商的要求在外销瓷上仿绘西洋绘画的情形更加普遍。欧洲题材瓷绘以西洋名画、神话、《圣经》、航海等为内容。18世纪，中国外销瓷出现了以描绘欧洲日常生活或具体事件为主题的纹饰，如码头、猎狐、捕鱼、采摘、农耕和休闲，堪称一幅幅欧洲风情画，尤为珍贵。宗教题材多描写《圣经》内容，大部分来自《新约》，主要绘在茶具上，产品大都运往基督教国家，作为装饰用于宗教场合。

宗教题材常用墨彩描绘，首先因墨彩色调深沉，符合宗教的肃穆氛围，也更能真实再现版画原作的色调；墨彩有时也会添加金彩或淡红彩，以改善单色的沉闷，增添画面的辉煌。高档的墨彩瓷绘线条精细，可以重现原作的每个细节，使复制欧洲版画达到新的精密水平。墨彩瓷绘不单用于宗教纹饰，也用于其他题材，1730年后在欧洲非常流行。18世纪中后期，神话题材在欧洲兴起，神话题材多以粉彩描绘，主要绘制古希腊、罗马神话中的女神、仙女，常被作为社交礼品。此外还有洛可可风格的外销瓷，内容多是与表达爱欲有关的绘画题材，如新婚夫妇结婚纪念品、婚礼誓言等。

清·乾隆 广彩圣母图盘
口径：22厘米，高：2.5厘米
对外经贸博物馆藏
矫克华、李梅夫妇捐赠

清·乾隆 广彩西洋人物故事图盘
口径：24厘米，高：3厘米

清·乾隆 广彩描金开光圣母图碗
口径：15 厘米，高：8 厘米

清·乾隆 广彩西洋风景图刮胡子盘
长：30 厘米，宽：25 厘米，高：7 厘米

清·乾隆 广彩西洋采樱图盘
口径：23.5 厘米，高：3 厘米
对外经贸博物馆藏
矫克华、李梅夫妇捐赠

  这件广彩欧洲人采樱图盘，造型圆形敞口，折沿，弧形壁，浅腹，圈足，折沿处以绳纹装饰。瓷盘为特殊定制产品，主要流行于荷兰，主图为欧洲人采摘樱桃的生活场景，画面中一人站在梯子上，向下递给一位妇人，妇人用裙子收集樱桃，这是仿自尼古拉斯·庞塞根据皮埃尔·安东尼波杜因的一幅画而设计的图案，人物绘画笔触灵动，包括衣服的褶皱花边，都处理的细腻得当，极富人文气息与艺术价值。

清·乾隆 广彩西洋人物故事图碟
口径：14 厘米，高：2 厘米
对外经贸博物馆藏
矫克华、李梅夫妇捐赠

清·乾隆 广彩捕鱼图盘
口径：23 厘米，高：3 厘米

清·乾隆 广彩西洋人物故事图花口碟
口径：14 厘米，高：2 厘米

精美绝伦——潘趣碗

"潘趣碗"一词来自于音译的 punchbowl。潘趣碗是指 20~60 厘米的大瓷碗。最早这些大碗由东印度公司定制给水手用来盛酒，随后这一风俗被传到欧洲。由于欧洲当时尚不能烧造瓷器，欧洲贵族仍以瓷器为奢侈品。于是，使用潘趣碗饮用潘趣酒成为一种时尚，从而使当时的欧洲贵族们不断在中国定制潘趣碗。

潘趣碗主要分为三种风格，第一种是万历时期的克拉克潘趣碗，那种潘趣碗上面有典型的明代晚期克拉克瓷的开光纹饰，是早期的外销瓷，底部有些粘砂，做工也并不细致；第二种就是康雍时期的潘趣碗，无论是青花还是五彩和粉彩，胎质都十分细腻，画工也十分精致，是最值得称赞的潘趣碗；第三种就是乾隆广彩潘趣碗，一般此类碗上多画人物，以满清服饰的满大人和女人为主体，人物画得较大。

潘趣碗的碗壁装饰的图案繁多和复杂，主要有人物、风景、庭院、花鸟和纹章等，其中人物纹饰可以分为中国式人物和西洋式人物两大类。

在众多的餐饮用具中，潘趣碗的地位不容忽视。作为外销瓷器，潘趣碗的出现在我国瓷器对外交流史上的意义非常重大。

清·乾隆 广彩开光人物故事图潘趣碗
口径：30 厘米，高：11 厘米

此碗撇口，弧形壁，深腹，圈足。碗外壁龟背锦地描金开光绘合家欢图案，茄紫色描绘衣纹衣褶和湖水树木，加上描金修饰，形成炫彩华丽、金碧辉煌的视觉效果。华丽的色彩搭配中国日常生活富足祥和的"合家欢"场景，使西方人为之着迷。碗内口沿处锦地开光绘花卉纹饰，碗心绘花篮纹饰。整件器物构图饱满，人物刻画生动自然。

清·乾隆 广彩开光西洋人物故事图潘趣碗
口径：26 厘米，高：11 厘米

清·道光 广彩开光人物故事图潘趣碗
口径：40厘米，高：17厘米
对外经贸博物馆藏
矫克华、李梅夫妇捐赠

　　大碗造型丰满，圆口，深腹下收，圈足。外壁口沿处金地满绘蝴蝶牡丹花卉纹饰，腹部矩形开光内绘戏曲人物故事，开光四周白地描金回纹装饰，开光间隔位置绘折枝牡丹花卉纹样。碗心内口沿处金地绘雉鸡牡丹蝴蝶纹饰，内弧形壁四开光内绘戏曲人物故事，间以描金回纹装饰。碗心描金回纹单圈内依然以戏曲人物故事为主体纹饰。纹饰华美富丽，极富观赏性，用彩极为浓艳，是清代广州地区出口到欧洲的外销器物，纹饰风格与中式传统瓷器画法迥异。

清·乾隆 广彩开光人物故事图潘趣碗
口径：29 厘米，高：12 厘米

民国 广彩百财百福百寿纹潘趣碗
口径：30 厘米，高：13 厘米
对外经贸博物馆藏
矫克华、李梅夫妇捐赠

美轮美奂——马克杯

马克杯是英文 mug 的音译，筒形有柄。马克杯造型的起源大约在新石器时代，许多文明都发明了这种杯。早期马克杯的材质以陶制、金属和木质为主。马克杯是西方社会普遍使用的造型，主要用来喝热饮。

清中期，因为西方国家的订单，中国开始生产马克杯造型并彩绘西方人喜欢的图案作为外销瓷。瓷质马克杯的生产，是东西方贸易的见证。

清·乾隆 广彩徽章纹马克杯
口径：10厘米，高：13厘米
对外经贸博物馆藏
矫克华、李梅夫妇捐赠

清·乾隆 广彩徽章纹马克杯
口径：11厘米，高：14厘米

清·乾隆 广彩徽章纹马克杯
口径：10.5 厘米，高：13 厘米

清·乾隆 广彩开光人物故事图马克杯
口径：10 厘米，高：13 厘米

文而化之——西式餐具

18世纪以前，欧洲餐具的常用材料是木材、陶和锡，只有贵族和富有的人能用上锡釉陶具或银制品，但此时并没有套装餐具。由于没有像样的餐具，18世纪以前欧洲人的饮食文化和餐桌礼仪，相对"野蛮"。随着16世纪中国瓷器的进口及数量越来越多，欧洲形成了全新的饮食方式，并于17世纪末达到顶峰，产生了所谓的"饮食革命"。

进入18世纪，欧洲上流社会饮食开始成为一种社交活动，尤其是套装餐具的出现，包括整套造型和图案统一的餐具，加上诸如烛台、牛油碟和上菜盘等附件，使餐桌礼仪变得繁琐。套装餐具在陶瓷生产中出现较晚，但通过从中国进口套装餐具，改变了欧洲餐桌的景观，也改变了欧洲人的用餐方式。

中国瓷器的进入丰富了西方人的日常餐具，也顺应了中世纪末期欧洲饮食走向文明的趋势，也促使不少用餐弃银用瓷。

德国人雷德侯所著《万物》一书这样描写："欧洲人为中国瓷器的品质着迷，瓷器能按照人的意愿成型；装饰方式多样；用后极易清洗，同时又坚硬、耐用；能发出铿锵声，加之其美如玉——光滑、白净、晶莹，而且半透明。"如果没有瓷器餐具的多样、系列性，也许欧洲现代菜肴的多样化未必会出现。

清·光绪 粉彩瓜果纹一品锅
口：28厘米，高：13厘米

清·乾隆 青花粉彩人物故事图汤盆
长：36厘米，宽：25厘米，高：20厘米
对外经贸博物馆藏
矫克华、李梅夫妇捐赠

清·光绪 五彩凤鸟花卉纹汤盆

长：23 厘米，宽：19 厘米，高：7 厘米

清·乾隆 粉彩花卉纹汤盆

长：32 厘米，宽：23 厘米，高：23 厘米

对外经贸博物馆藏

矫克华、李梅夫妇捐赠

清·雍正 粉彩定制洞石花卉纹牛奶壶

足径：8厘米，高：16厘米

清·乾隆 青花山水纹汤盆

长：28 厘米，宽：20 厘米，高：13 厘米

清·乾隆 青花山水亭台楼阁纹汤盆

长：31 厘米，宽：22.5 厘米，高：22 厘米

清·乾隆 广彩描金开光人物故事图牛奶壶
腹径：11 厘米，高：24 厘米

清·乾隆 广彩开光人物故事图酱汁斗
长：17厘米，宽：8厘米，高：7厘米

清·乾隆 青花花卉纹酱汁斗
长：26厘米，宽：9厘米，高：10厘米
对外经贸博物馆藏
矫克华、李梅夫妇捐赠

革风易俗——茶具

茶叶是中欧间的大宗贸易商品。但是茶叶体积大而质量轻，装船后吃水太浅易倾覆，而且船行方向不易控制；再者，茶叶怕水浸，不能放舱底，因此压舱是船运茶叶必须考虑的。欧洲商人很快想到用中国瓷器来压舱，一举两得。这样，输往欧洲的茶叶越多，进入欧洲的中国瓷器也就越多。

1662年，葡萄牙国王约翰四世的女儿凯瑟琳公主与英国国王查理二世结婚，从此把饮茶习惯带入英国王室。这一来自中国的嗜好，迅速成为英国贵族间的一种流行时尚，饮茶之风席卷英国朝廷。到18世纪中期，英国上下，无论贵贱贫富，几乎每天都可以喝上一两杯茶。

茶叶与瓷器密不可分，许多茶具就是瓷器。饮茶方式的改变，催生了瓷茶具的创新，茶具渐成中国外销瓷中的一大门类。欧洲人饮茶是用中国传统没有把手的杯，附以托碟。茶壶有中国传统的器形，也有比较别致、显然是仿照欧洲样式的器形。

虽然茶具式样有部分沿袭自中国瓷器的传统器形，但咖啡具对于中国工匠来说，则完全是个崭新的设计。咖啡大约在1670年传入欧洲，并迅速成为流行饮品。咖啡壶的器形一般有类似执壶的样式，也有单柄壶的样式，造型都取自欧洲的银器或瓷器。咖啡杯一般比茶杯略大，而且往往附有把手并配以托碟。

清·康熙 矾红描金花卉纹八方茶叶罐

长：8厘米，宽：4.5厘米，高：10厘米

清·乾隆 广彩西洋人物故事图茶叶罐
腹径：7.5 厘米，高：10 厘米
对外经贸博物馆藏
矫克华、李梅夫妇捐赠

清·乾隆 广彩仕女图茶叶罐
腹径：7.5 厘米，高：10 厘米
对外经贸博物馆藏
矫克华、李梅夫妇捐赠

民国 黄地粉彩寿桃纹菱形茶叶罐
长：13.5 厘米，宽：11 厘米，高：15 厘米
对外经贸博物馆藏
矫克华、李梅夫妇捐赠

清·乾隆 绿彩花卉纹茶叶罐
长：8.5 厘米，宽：3.5 厘米，高：11 厘米
对外经贸博物馆藏
矫克华、李梅夫妇捐赠

清·乾隆 广彩徽章纹茶杯
口径：5.5 厘米，高：6 厘米
对外经贸博物馆藏
矫克华、李梅夫妇捐赠

清·乾隆 广彩西洋人物故事图茶杯
口径：5.5 厘米，高：6 厘米

清·乾隆 青花山水亭台楼阁纹茶杯
口径：9 厘米，高：5 厘米
对外经贸博物馆藏
矫克华、李梅夫妇捐赠

清·乾隆 青花描金山水亭台楼阁纹杯
口径：6.5 厘米，高：7 厘米
对外经贸博物馆藏
矫克华、李梅夫妇捐赠

清·乾隆 广彩山水纹执壶
腹径：14厘米，高：16厘米
对外经贸博物馆藏
矫克华、李梅夫妇捐赠

内有乾坤——鼻烟壶

　　鼻烟壶是盛鼻烟的容器，小可手握，便于携带。鼻烟是一种烟草制品，为西洋之物，源自美洲印第安人。明末清初，鼻烟传入中国，鼻烟盒迅速地融入了中国的艺术风格，发展出匠心独运的各式鼻烟壶。鼻烟壶在明末开始流行，至清代，上至皇帝，下至百姓，吸闻鼻烟甚是风行，成为时代潮流。

　　中国鼻烟壶，作为精美的工艺品，有瓷、铜、象牙、玉石、玛瑙、琥珀等材质，运用青花、五彩、雕瓷、套料、巧作、内画等技法，汲取了多种工艺的优点，被雅好者视为珍贵文玩，被誉为"集中各国多种工艺之大成的袖珍艺术品"。

清·光绪 粉彩人物故事鼻烟壶
高：7 厘米

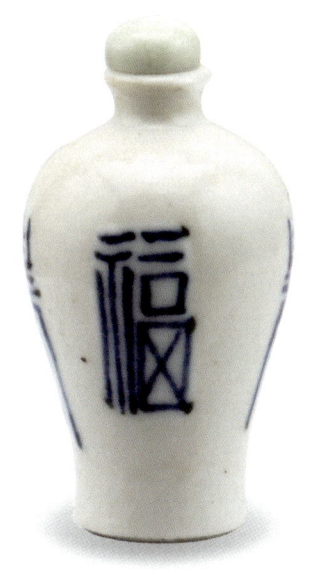

清·同治 青花福寿纹鼻烟壶
高：8 厘米

清·光绪 青花人物故事图鼻烟壶
高：11 厘米

清·光绪 青花狮舞绣球纹鼻烟壶
高：7 厘米
对外经贸博物馆藏
矫克华、李梅夫妇捐赠

清·乾隆 广彩徽章纹鼻烟壶
高：8 厘米
对外经贸博物馆藏
矫克华、李梅夫妇捐赠

清·道光 粉彩暗刻水波龙纹鼻烟壶
高：8 厘米

清·道光 松石绿釉透雕龙凤纹鼻烟壶
高：7厘米

清·光绪 青花人物故事图鼻烟壶
高：7厘米
对外经贸博物馆藏
矫克华、李梅夫妇捐赠

清·光绪 青花二龙戏珠纹鼻烟壶
高：7厘米

清·光绪 釉里红云龙纹鼻烟壶
高：8厘米

惟妙惟肖——瓷塑

我国的陶瓷雕塑历史悠久，自从陶器创烧以来，便有入窑烧制的泥塑物品出现。东汉以后，中国发明了釉色莹润的青瓷，并生产出了大量既有观赏价值，又有实用价值的瓷塑器物。唐代是中国经济和文化发展的高峰，特别是对外交流。丝绸之路形成以后，中西文化交融，雕塑艺术也达到了中国雕塑史上的又一个高峰，"唐三彩"便是代表。宋元明清时期，瓷塑艺术又有进一步的发展，可生产瓷塑的窑口更多，作品也更加细腻。

明清时期，景德镇瓷塑已注重彩饰，并逐渐形成工艺精巧、色彩斑斓、富丽堂皇的独特风格。而德化窑烧造的瓷塑作品，胎、釉浑然一体，光润如白玉，被称为"象牙白"。17世纪，欧洲各国开始在景德镇定做彩绘瓷塑，在福建彰化定做白釉瓷塑。康熙中期至乾隆中期，不仅在使用的器型上有瓷塑样式，还有大量动物和人物瓷塑销往欧洲。其中又以彰化窑的白瓷观音雕塑最受欢迎，因其能唤起西方人对天主教中圣母形象的感受和膜拜。从17世纪末期开始，完全欧化的人物造型开始出现，大都是荷兰东印度公司的定制商品。

八仙是中国民间传说中广为流传的道教八位神仙，分别为铁拐李、汉钟离、张果老、吕洞宾、何仙姑、蓝采和、韩湘子、曹国舅。八仙中有将军、皇亲国戚、叫花子、道士等，并非生而为仙，分别代表了男、女、老、幼、富、贵、贫、贱。八仙过海是八仙最脍炙人口的故事之一，最早见于杂剧《争玉板八仙过海》。相传白云仙长于蓬莱仙岛牡丹盛开时，邀请八仙及五圣共襄盛举，回程时铁拐李建议不搭船而各自想办法，就是后来"八仙过海、各显神通"或"八仙过海、各凭本事"的起源。

最早的八仙出现在汉代，是号称"淮南八仙"的八位文学家，当时称作"八公"，即帮助西汉淮南王刘安编成《淮南子》的八公。淮南王好神仙丹药，后世传其为仙，淮南八仙之说可能附会此事而起。而最早见于晋的"蜀之八仙"，则指容成公、李耳、董仲舒、张道陵、严君平、李八百、范长生、尔朱先生。

唐朝杜甫写的《饮中八仙歌》，指的是李白、贺知章等八位能诗善饮的文人学士。五代宋初，关于吕洞宾的仙话传说，流传甚盛，与道教内丹修炼法的传播相煽助。今之所谓八仙，大约形成于元代，但人物不尽相同。元代中后期，全真道南、北二宗合并，共尊东华帝君、钟离权、吕洞宾、刘海蟾、王重阳为五祖。中国民间传说、杂剧戏谈等便与道教神仙相互演衍，八仙故事流传益广，内容益繁富。马致远的《岳阳楼》、范子安的《竹叶船》和谷子敬的《城南柳》等杂剧中，都有八仙的踪迹，但成员经常变动。马致远的《吕洞宾三醉岳阳楼》中，并没有何仙姑，取而代之的是徐神翁。至明代吴元泰作演义小说《东游记》问世，八仙才确定名称，并流传至今。

民国 张乐舟 《八仙人物图》

清·雍正 粉彩八仙人物瓷塑
高：23厘米
对外经贸博物馆藏
矫克华、李梅夫妇捐赠

清·康熙 素三彩花卉纹狮柄六方执壶
高:22厘米
对外经贸博物馆藏
矫克华、李梅夫妇捐赠

这一造型源于中国传统建筑中经常使用的一种装饰物—石狮子，是中国传统文化中常见的辟邪物品，具有很高的艺术价值和观赏价值。狮子形象始于汉朝，《穆天子传》载："名兽使足走千里，狻猊、野马走五百里。"晋郭璞注："狻猊，狮子。亦食虎豹。" 石狮不仅有不同的时代特点，还有明显的地域特色。总体上，北方的石狮子外观大气，雕琢质朴；南方的石狮更为灵气，造型活泼，雕饰繁多，小狮子也不仅在母狮手掌下，有的爬上狮背，活泼可爱。

清·光绪 素三彩狮子摆件
高：36厘米
对外经贸博物馆藏
矫克华、李梅夫妇捐赠

清·道光 素三彩狮子摆件（一对）
高：46厘米

中西合璧——金属镶嵌

14世纪晚期开始，欧洲人开始为进口的器物镶嵌上金属附件，那时主要是在一些外来的珍宝上增加金银附件以突显它们的珍贵和美感，例如鹦鹉螺、水晶、鸵鸟蛋和象牙等。14、15世纪流行为瓷器镶嵌金属附件的做法也正是在特定的社会文化背景下产生的。

到了17世纪早期，当荷兰人成为东印度贸易的主力军时，大量的中国瓷器作为餐具或室内装饰品被销售到欧洲。这些瓷器镶嵌金属附件也很快在欧洲各国的王公贵族和富绅阶级中流行开来，特别是在法国、英格兰、德国和荷兰这些国家。镶嵌精致繁复的金属附件不仅仅是为了突显中国瓷器的精美，也是为了使这些进口器物融合于欧洲室内装饰。这些极具创意的混合产物获得了一种与原型作品完全不同的新身份，反映了西方客户的品位和喜好。来自景德镇的单色釉瓷器和德化白瓷在欧洲极为流行，如今在欧洲各大收藏中可以看到这些瓷器都被镶嵌上了金属附件。青花瓷或青瓷则在中东地区广受欢迎，在那里它们常常被包银包铜。而且首先考虑的不是装饰性的问题，而是让这些瓷器能够重复利用，变得更实用。无论是欧洲还是中东，在器物上镶嵌金属附件的做法一直延续至19世纪。

清·康熙 青花矾红描金凤穿牡丹纹将军罐
高：135 厘米

清·乾隆 窑变红釉赏瓶
腹径：20 厘米，通高：44 厘米
对外经贸博物馆藏
矫克华、李梅夫妇捐赠

清·康熙 法国镀金青铜附件素三彩海水异兽纹多穆壶
美国保罗盖帝博物馆藏

清·康熙 青花仕女图执壶
腹径：8.5 厘米，高：14.5 厘米

清·康熙 青花花鸟纹镶铜壶
腹径：17 厘米，高：33 厘米

清·乾隆 青花山水亭台楼阁纹温盘
口径：24厘米，高：4.5厘米

此温盘为八边形，胎质细腻，釉色光亮。盘口沿处满绘花卉、蝴蝶纹饰，盘内以青花描绘山水图：水面错落分布着几座小岛，岛上树木葱郁，屋宇、水榭掩映其间。远处水面一叶孤舟，蓑翁撑杆悠然其上。近处两岛间以小桥相连，两人立于桥上。岛上树木繁茂，亭台、楼阁高耸。笔触细腻，墨分五色，山石采用披麻皴，质感较强。图案清新，格调高远，给人以恬静清雅之感。

山水图在清代康熙、雍正、乾隆三朝的外销瓷中十分流行，常以山石、江水、楼阁、塔寺、船只、桥梁、人物等为装饰元素，借鉴清初文人山水画技法，画风清新雅致。

温盘又称暖盘，是古代劳动人民智慧的结晶。温盘有两层，中间中空，在上方有小孔专门用于注入热水，这样将饭菜置于其中，可以达到保温的效果。

清·光绪 青花花卉开光杂宝人物纹罐
腹径：20厘米，高：32厘米

清·康熙 青花人物故事图盘

口径：24 厘米，高：3 厘米

清·光绪 粉彩百花不落地纹盖罐（改台灯）
腹径：16.5 厘米，通高：52 厘米
对外经贸博物馆藏
矫克华、李梅夫妇捐赠

清·同治 广彩开光人物故事图瓶（改台灯）
腹径：17 厘米，通高：53 厘米
对外经贸博物馆藏
矫克华、李梅夫妇捐赠

清·雍正 粉彩花卉纹盘

口径：24 厘米，高：18 厘米

参考文献

[1] 刘海翔. 欧洲大地的"中国风"[M]. 深圳：海天出版社，2005.

[2] 朱顺龙，李建军. 陶瓷与中国文化[M]. 上海：汉语大词典出版社，2003.

[3] 刘兰华，张柏. 清代陶瓷[M]. 哈尔滨：北方文物杂志社，1998.

[4] 周思中. 清宫瓷胎画珐琅之研究1716—1789[M]. 北京：文物出版社，2008.

[5] 刘明倩. 从丝绸到瓷器：英国收藏家和博物馆的故事[M]. 上海：上海辞书出版社，2008.

[6] 李文跃. 景德镇粉彩瓷绘艺术[M]. 南昌：江西高校出版社，2004.

[7] 方复，等. 景德镇陶瓷古彩装饰[M]. 北京：江西高校出版社，2004.

[8] 宁钢，刘芳. 康熙古彩艺术[M]. 上海：学林出版社，2008.

[9] 孔六庆. 中国陶瓷绘画艺术史[M]. 南京：东南大学出版社，2004.

[10] 江滢河. 清代洋画与广州口岸[M]. 北京：中华书局，2007.

[11] 梁嘉彬. 广东十三行考[M]. 广州：广东人民出版社，1999.

[12] 黄国信，黄启臣，黄海妍. 货殖华洋的粤商[M]. 杭州：浙江人民出版社，1997.

[13] 陈志华. 中国造园艺术在欧洲的影响[M]. 济南：山东画报出版社，2006.

[14] 全秋菊，吴国钦. 花间美人西厢记[M]. 汕头：汕头大学出版社，1997.

[15] 甘雪莉. 中国外销瓷[M]. 上海：东方出版中心，2008.

[16] 周宁. 风起东西洋[M]. 北京：团结出版社，2005.

[17] 广州博物馆. 海贸遗珍——18—20世纪初广州外销艺术品[M]. 上海：上海古籍出版社，2005.

[18] 田晖东，杨月珍. 西厢传奇[M]. 武汉：武汉大学出版社，1995.

[19] 王瑛. 中国吉祥图案实用大全[M]. 天津：天津杨柳青画社，2004.

[20] 宋立达.具象吉祥：图说中国传统吉祥文化［M］.北京：金城出版社，2007.

[21] 马鹤鸣，马远良.西方人笔下的中国风情画［M］.上海：上海画报出版社，1999.

[22] 彭明瀚.明清景德镇外销瓷与制瓷技术外传［M］.北京：文物出版社，2017.

[23] 吕章申.瓷之韵——大英博物馆、英国国立维多利亚与艾伯特博物馆藏瓷器精品［M］.北京：中华书局，2012.

[24] 胡雁溪，曹俭.他们曾经征服了世界：中国清代外销瓷集锦［M］.北京：中国大百科全书出版社，2010.

[25] 陈玲玲.广彩——远去的美丽［M］.北京：九州出版社，2007.

[26] 袁宣萍.十七至十八世纪欧洲的中国风设计［M］.北京：文物出版社，2006.

[27] 广东省博物馆.广彩瓷器［M］.北京：文物出版社，2001.

[28] 程庸.国风西行：中国艺术品影响欧洲三百年［M］.上海：上海人民出版社，2009.

[29] 冯小琦.古代外销瓷器研究［M］.北京：故宫出版社，2013.

[30] 广州博物馆.广州定制：广州博物馆藏清代中国外销纹章瓷［M］.北京：文物出版社，2017.

[31] 余春明.一瓷一故事：名家带你赏清代名瓷［M］.南昌：江西美术出版社，2017.

[32] 陈伟，周文姬.西方人眼中的东方陶瓷艺术［M］.上海：上海教育出版社，2004.

[33] 余春明.中国名片［M］.北京：三联书店，2011.

[34] 林涵.海外珍藏中华瑰宝：单采瓷、五彩瓷［M］.北京：北京工艺美术出版社，2011.

西藏自治区地方志办公室

西藏人民出版